統計学の7原則

人びとが築いた知恵の支柱

The Seven Pillars of Statistical Wisdom

著 スティーブン・M・スティグラー
Stephen M. Stigler

訳 森谷博之 / 熊谷善彰 / 山田隆志

Pan Rolling

THE SEVEN PILLARS OF STATISTICAL WISDOM
by Stephen M. Stigler
Copyright © 2016 by the President and Fellows of
Harvard College

Japanese translation published by arrangement with
Harvard University Press through The English Agency (Japan) Ltd.

私の孫のエバとイーサンへ

目次

序論 …………………………………………………………… 5

第1章　集計：表と平均から最小二乗法まで……………… 15

第2章　情報：その測定と変化の割合……………………… 41

第3章　尤度：確率尺度のキャリブレーション…………… 55

第4章　相互比較：基準としての標本内変動……………… 75

第5章　回帰：多変量解析、ベイズ推定、因果推定……… 91

第6章　計画：実験計画と無作為化の法則………………… 125

第7章　残差：科学的論理、モデルの比較、そして診断の方法… 143

結論 ………………………………………………………… 163

謝辞 ………………………………………………………… 171

訳者あとがき ……………………………………………… 173

参考文献 …………………………………………………… 177

序論

　統計学とは何だろうか？　イギリス王立統計学会によると、古くは1838年からこの質問は問われている。この質問が長年にわたり、繰り返され、またそれについてのさまざまな答えがあることは、それ自体が注目すべき現象だ。これらを考えあわせてみると、統計学が学問として単一でないのだと示唆している。統計学は初期から現在に至るまで劇的な変化を遂げてきた。かつてデータを分析しないで集めるだけという極端な客観性を主張する専門職であった統計学者は、計画から結果の分析までというすべての段階で科学者と協力するようになってきた。また、統計学は異なる科学に対応して異なる顔を見せる。ある応用では、数学の理論から導かれた科学的モデルを受け入れ、また、別の場合には、どのニュートン力学の構成とも同じくらいに堅固な地位を獲得できるモデルを構築してきた。また、あるときは、われわれは活動的な計画者であり受動的な分析者である。別の機会では、立場が逆転する。これだけ多くの顔をもち、また結果として生じる誤りを避けるためにはこれらのつり合いをとるという課題もある。このような状況のもと、例えば1830年代の経済統計、1930年代の生物学上の問題、あるいは今あいまいに定義されている「ビッグデータ」の問題、というような新たな課題に直面したときにはいつでも「統計学とは何だろうか？」という問いが繰り返されてきたのも当然である。

　さまざまな統計学的な問題、研究方法、そして解釈があって、統計学

の核となる科学はないのだろうか？　われわれは根本的に公共政策からヒッグスボソン発見の確認までといった、かくも多くの異なる科学分野での仕事に打ち込んでいる。それにもかかわらず、ときとして単なる奉仕者として見られてしまうのであれば、どんな合理的な意味においても、統計学を統一された学問分野として、そして自分たちの科学としてとらえられるのだろうか？　これこそが私が本書で問いたい疑問である。私は何が統計学で、何が統計学ではないのかを語ろうとしているのではない。私は、7つの原理、すなわち7本の柱を定式化しようと試みているのだ。これらの柱は過去にさまざまな方法でわれわれの領域を支えてきたし、永久にそうなるだろう。導入時には画期的であったそれぞれの柱は、依然として深く重要な進んだ考え方であると確信してもらえるはずだ。

　本書の題名は、アラビアのロレンスとして知られるT・E・ロレンスによる1926年の回顧録『知恵の七柱』から取っている。その言葉はロレンス自身の原典である『旧約聖書』の箴言9-1「知恵は家を建て、7本の柱を刻んで立てた」から来ている。箴言によれば、知恵の家は理解を探求するものを歓迎するために建てられている。私にはもう1つの目標がある。統計的推論の中心的、論理的な核を明確に表現することである。

　これら7原則を「統計学的な知の7柱」と呼ぶ際に、それは統計学の学問分野の基盤としての7本の支柱であり、全体の体系としてではないことを強調しておかなければならない。これらの7本のすべての起源は古く、この構造の上に、偉大な創造力と素晴らしく有望な心躍る新しい考え方が絶え間なく供給されている。そして、そうすることで今日この学問分野は数多くの側面をもった科学を構築している。これらの最近の業績から離れることなく、時間と分野を超える統計学の核心にある一貫性を私は明確にしたいのだ。

第1の柱を集計（Aggregation）と呼ぶ。19世紀に与えられた名は「観測値の結合」である。あるいはもっと単純化してしまえば平均だ。今となっては古いこれらの単純な名称は、ある考え方が当時は本当に革新的であったという点で、誤解を招きやすい。新しい応用の分野ではいつでもそうなのだが、それは現代でも変わらない。集計はどのように革新的なのだろうか？　多くの観測値を与えられたなら、ある情報を捨てて実質的に情報を得るという点で革新的だと言える。単純算術平均をとる際には、1つの要約量を得るために測定値の個別性を捨てている。今では、例えば、天文学で星の位置を繰り返し観測するなかで測定値の個別性を捨てることはあたりまえである。しかし、17世紀では、フランスの観測は飲酒の常習者によってなされ、ロシアの観測には古い装置が使用され、そしてイギリスの観測は常に期待に背かない親友によってなされたというような個別の知識は無視されることが求められていた。それぞれの観測の詳細は、削除され単独の観測それ自体よりも必要なものを示したのだ。

算術平均の使用が初めて明確に記述されたのは1635年である。統計的要約量の他の形式にはより長い歴史があり、メソポタミア時代や文字の始まりまでさかのぼる。もちろん、この第1の柱の最近の重要な例はもっと複雑である。最小二乗法とその一族は、指定された共変量を除いた各データの個性を隠したデータの重みつきの集計という意味で、すべてが平均である。そして、密度のカーネル推定量やさまざまな最新の平滑量のような工夫もまた平均である。

第2の柱は情報である。より詳しくは「情報の測定」である。これもまた長く興味深い知性の歴史である。治療に効果があると納得するには証拠はどの位あれば十分といえるのかという問いは、ギリシャ時代にま

でさかのぼる。得られた情報について、それが蓄積されていく割合の数学的研究はずっと最近のことである。18世紀初頭には、多くの状況で、データ集合内の情報の量は観測数nそれ自体ではなくnの平方根に比例するということが発見されている。これもまた画期的である。研究の正確性を倍にしたいと望んでいる天文学者を納得させるには観測数を4倍にしなければならない。すなわちすべてのデータの正確性は同等であるにもかかわらず、最初の20個の観測値ほどには、つぎの20個の観測値には情報はない。これは「nの平方根規則」と呼ばれるようになった。これが成り立つためにはいくつかの強い仮定を必要とし、さまざまな複雑な状況では補正を必要とする。しかし、とにかくつぎのような考え方は1900年までにはっきりと確立された。それは、データ内の情報は測定でき、ある状況では明確に表現できる方法で、情報の正確性はデータ量に結びついている。

　第3の柱は尤度である。ここでは確率を用いた推論のキャリブレーションを意味する。このもっとも単純な形式は有意性検定、そしてだれもが知っているp-値である。「尤度(尤もらしさ)」という名前そのものが手掛かりを与えてくれるように、多くの方法は、パラメトリック族あるいはフィッシャーやベイズの推定に関連している。何らかの方法による検定は1000年あるいはそれ以上さかのぼることができる。確率を用いたもっとも古い検定は18世紀初頭からある。1700年代や1800年代には多くの例がある。しかし体系化された処理はロナルド・A・フィッシャー、イェジ・ネイマン、エゴン・S・ピアソンによる20世紀の業績とともにやっともたらされ、このときに尤度の完全な理論が発達しはじめた。推論をキャリブレートするために確率を用いるのは、検定においてもっとも一般的かもしれないが、推論が数値をともなうところでは

どこでも用いられ、信頼区間であるとか、ベイズの事後確率はその例である。実際、トーマス・ベイズの論文はまさにこの目的のために250年前に出版された。

第4の柱は相互比較である。この言葉はフランシス・ゴルトンによる古い論文から借りてきた。これはかつて画期的な考え方であったが現在では当たり前になっている。この統計的比較は、外部基準を必要とせずに、データ自体の内部について比較している。もっとも広くみられる相互比較はステューデントの t 検定であり、分散分析の検定である。複雑な計画では、分散の分割は入り組んだ処理になりがちで、手もとのデータに完全にもとづいて評価するためにブロック化と分割実験と階層的計画が用いられるようになった。この考え方は実に画期的であるがために、「有効な」検定をする際に外部の科学的な基準を無視する能力をもち、もっとも強力な道具がそうであるように、悪用されるかもしれない。ブートストラップ法は相互比較の現代的な型で、その仮定を弱くしたのだと考えられる。

第5の柱を回帰とよぶ。これは1885年のゴルトンによる発見の後に、2変量正規分布を用いて説明された。ゴルトンはチャールズ・ダーウィンの自然選択説に必要な数学的枠組みを組み込もうとして回帰に到達した。これはゴルトンにとっての自然選択説にある本質的にみえた矛盾を克服するためだった。すなわち、選択は多様性を必要とするが、これは種の定義に必要な母集団の安定性の出現とは矛盾していた。

回帰の現象は手短に説明できる。もし完全には相関していない2種類の測定値があって、その一方については平均と比べて極端なデータを選ぶと、もう一方については（標準偏差の単位で）それほど極端ではないことが予想される。背の高い両親からは平均的に自分たちよりもいくぶ

ん背の低い子供が生まれる。背の高い子供は平均的に自分たちよりもいくぶん背の低い両親をもつ。しかし、ここには単純な逆説以上のものが含まれている。すなわちこの問題は提起のされ方により答えが根本的に異なるというまったく新しい考え方である。実は、この業績は最近の多変量解析を導き出し、推論のいかなる理論にも必要とされる手段である。条件つき分布のこの道具が導入される以前には、本当の意味で一般的なベイズの定理は可能ではなかった。そして、この柱は因果推論と同様にベイズ推定の中心である。

　第6の柱は「実験計画法」というときの計画である。しかし、より広い意味でとらえている。これは観測の設定においてもわれわれの思考を統制できるという理想を反映している。計画のいくつかの要素はかなり古い。旧約聖書と古代のアラブ薬物療法とがその例である。19世紀後半に始まり、無作為化が推論で演じる並々ならぬ役割をチャールズ・S・パースとその後のフィッシャーが発見したとき、この柱への新たな理解が出現した。フィッシャーは厳密な無作為化とともに組み合わせを用いた方法から得られる改善度合を認識していた。そして何世紀にもわたる実験哲学と実践とを否定する実験法の本質的な変化を導入することで統計学を新たな段階へと導いた。複数の要因を含む野外実験で、フィッシャーの計画は効果の分離と相互作用の推定を可能にしただけではなく、無作為化のまさにその作用が正規性の仮定、または材料の同一性の仮定に頼らない効果的な推定を可能にしたのだ。

　第7、つまり最後の柱は残差である。「残差」は「その他すべて」を意味するので、これをうまく処理したと不審に思うかもしれない。しかし、私にはより明確な考えがある。残差の現象の概念は1830年代以降の論理学の本ではよくみられる。ある著者が「複雑な現象は…既知の効

果を除去して単純化され、…説明されるべき『残差の影響』…が残される。…科学は主としてこの過程によって促進される」と記している。つまり、この考え方の概要は古典的である。しかし、統計学での使用は新しい形を呈するようになり、モデルは構造化され、そしていくつもある構造から1つを選別するために確率解析と統計的な論理を用いることで、その手法を根本的に強化し、整理した。統計学ではモデルの診断（残差を図示すること）はもっとも共通して行われている。入れ子型になったモデルを用い、またそれらを比較することで、高次元の空間を探索する方法はより重要である。回帰係数についての有意性検定はすべてその一例であり、時系列探索もその1つの例である。

　過度に単純化しているといわれるかもしれないが、統計学の7つの基本的な考え方の有用性を説明することで、これらの7本の柱を要約し言い換えることができるだろう。

1. 目的を絞ってデータを縮小あるいは圧縮することの価値
2. データ量の増加にともなう価値逓減
3. 行っていることに即した確率測定の方法
4. データの内部変動の役に立つ利用方法
5. 質問の視点を考えることで、どのようにして異なる答えがもたらされるか
6. 観測における計画の不可欠な役割
7. 科学において競合する説明を探求し比較する際のこれらすべての考え方がどのように用いられるか

しかし、このような簡素な言いかえでは、過去でも現在でも、これら

の考え方に、最初に遭遇したときにどれほど革新的であったかを伝えられていない。データ値の個別性を捨てることから、新しく同程度に有用なデータでも（情報としての）重要度は低いこと、賭け事以外の世界での不確実性の測定に確率を利用することへの反論を克服したということなど、どのような場合についても、上述の考え方は、数学的あるいは科学的に定着した強い信念の重要性を低下させ、もしくはくつがえしてきた。そして、どのようにわれわれのデータの内部にある変動性が、それを生み出した世界についての不確実性の尺度になるのだろうか？　ゴルトンの多変量解析は、ユークリッド以降の比例則への依存が、データに変動がある科学の世界には適用できないことを、3千年という数学の伝統をくつがえして科学者に明らかにした。フィッシャーの実験計画法は、何世紀にもわたり信じられてきた実験科学および論理学とまったく相反している。モデルを比較するというかれの方法は、実験科学にとって全く新しく、それを受け入れるには何世代をも必要とした。

　これらすべての考え方がどれだけ革新的で影響力があったか、という証拠として、いまだに説得力を失わない強力な反論について考えてみよう。これはときとして、価値のある特徴として私が挙げてきたまさにその側面を非難している。つぎのことを考えてみよう。

- 人を単なる統計量として扱う、個人を無視することへの不平
- ビッグデータがデータ量の多さだけを頼りにして質問に答えられるという暗黙の主張
- 問題になっている現象の科学的内容を無視して行われる有意性検定への非難
- 問題の重要な側面を無視しているという回帰分析への批判

これらの問いかけは問題をはらんでいる。その動機となっている事例では、非難は正しく当を得ているとしても、その標的はたびたび方法であって、使われ方の適性ではない。これについて、エドウィン・B・ウィルソンは1927年に的確なコメントを残している。「これは多くの場合、統計学が何であるかという知識に欠けているからである。それは、統計学を訓練されていない人びとが科学的方法論の一連の手段のなかでももっとも危険な道具を用いて、自らを信じ込んでいるに過ぎない」

　これから述べる、そしてその歴史の概略を説明する7本の柱は良い道具である。しかし、効果的に用いるためには賢明かつよく訓練された技量が求められる。これらの考え方は数学の一部でもコンピューター科学の一部でもない。統計学の中心である。本書の冒頭でその目標が統計学の何たるかの説明ではないと明確に言及したが、この本の終わりまでには私はその目標を達成するだろうと告白する。

　ごく簡単にやりかけのところに戻ろう。『旧約聖書』の箴言9-1は正確には何を意味しているのだろうか？　これは「知恵は家を建て、7本の柱を刻んで立てた」という古い記述である。なぜ、家には7本の柱が必要なのだろうか？　古代でも現代でも見かけだけでは構造がわからないからであろうか？　私が確信をもっている最近の研究は、ジュネーブ訳とジェームズ王欽定訳の聖書の翻訳に責任をもつ研究者が、古代シュメール神話について知らされておらず1500年代に問題となっていた一節を誤訳していたことを示している。これは建物の構造について言及したものではまったくない。ここでは洪水前のメソポタミアの7大王国について言及していて、7都市での7王国は、王たちに助言した7人の賢者により作られた規範にもとづいて創設された。「知恵の家」は、これらの7名の賢者の原理にもとづいたもので、最近の研究者は「知恵は家

を造り、7人の賢者が基礎をきずいた」としている。
　その通り、これから話す7本の柱は7人を超える多くの賢者たちの努力のたまものであり、そのうちの何人かはその名前が歴史のなかで埋もれてしまっているが、これからかれらのうちの選ばれたものに出会うだろう。

第1章 集計

表と平均から最小二乗法まで

　第1の柱である集計はもっとも古いというだけではなく、画期的である。19世紀には「観察値の結合」と呼ばれていた。この言い回しは、それぞれの値を結合して統計的な要約量を作ることでデータ集合がもつ以上の何かが情報から得られるという考えを伝えようとしていた。統計学では、要約量は部分の集まり以上だ。標本平均は初期の技術的に注目を集めた例である。この概念には重みづけ平均や最小二乗法といった何か他の要約表現も含まれている。最小二乗法は、基本的にはそれぞれのデータ値の性質のいくつかを調整した、重みづけ、あるいは調整ずみの平均である。

　分析においては、平均をとるという行為は種類を問わずむしろ本質的な一歩であった。これを用いる際に、統計学者はデータの情報を捨てている。そこでは、それぞれの観測の個性、測定をした順番と観測者の個別性を含めた異なる観測についての環境は失われている。1874年には1769年以来となる待望の金星の太陽面通過があり、多くの国が観測に適していると思われる場所へ観測隊を派遣した。太陽を横切る正確な時刻を知ることは太陽系の規模を正確に決定する手助けとなる。さまざまな都市から数字は報告された。しかしそれらは、平均して意味があるほどにどれもが非常によく似ていたのであろうか？　観測は、異なる地点で行われ、発生時刻もやや異なった。観測者は異なる技術をもち、異なる道具を用いた。この問題では、震えやしゃっくりや注意散漫であるこ

とに機敏に対応する1人の観測者により星の位置が観測されれば、一連の観測値は平均をとるに値するのだろうか？　古代や今日においてさえも、それぞれの観測の状況を熟知し過ぎていると、観測値を結合する意志をぐらつかせることがある。いつもそうなのだが、価値が低いと思われる観測値を平均して犯す誤りよりもむしろもっとも良いと考えられる観測値を1つ選択するほうが賢明ではないかという強い誘惑がいつでもある。

　平均をとることがごく普通になったそのあとでさえも、情報を捨てれば情報が増えるという考え方が、いつでもたやすく受け入れてもらえたわけではなかった。1860年代にウィリアム・スタンレー・ジェヴォンズは異なる商品の価格変化率について実質的には平均をとることにより得られる指数を用いて、価格水準の変化を測定する方法を提唱した。そのとき、批評家は銑鉄(せんてつ)と胡椒のデータを平均するのは論外だと考えた。そして、ひとたびそれぞれの商品へと話題が移れば、詳細な歴史的な知識をもつこれらの研究者は、すべての動きと変動について、なぜ特別な出来事がそのように起きたのかといういくつかの理由と関連づけて「説明」できると考えたがった。このような理由づけに対する1869年のジェヴォンズの反論には力がこもっていた。「そのようにそれぞれの動きについて完璧な説明が必要ならば、この現象へのあらゆる分析は望みがないだけではなく、統計学にもとづく社会科学は数値的な事実に依存している限り、断念されるべきである」。これらのデータについての話が間違っているのではない。これらの話や別々な観測から得られたデータの個別性は目立たないところに押しやるべきなのだ。もし、一般的な傾向が明らかになるのであれば、観測は1つの集まりとして取り扱われるべきである。観測は結び付けられていなければならない。

ホルヘ・ルイス・ボルヘスはこのことを理解していた。1942年に出版された短編小説『記憶の人・フネス』では、ある事故の後に自分が何でも完全に記憶していることに気付いたイレネオ・フネスについて記している。毎日をどんな些細なことでも思い起こす（心に再現する）ことができ、その思い起こしたことを後に思い起こすことすらできた。しかし、理解はできなかった。「考えることは詳細を忘れ、一般化し、抽象化することである。フネスのあふれんばかりの世界には詳細しかない」とボルヘスは書いている。集計はそれぞれの構成要素以上に偉大な進展をもたらしている。フネスは統計学のないビッグデータである。

　データの集まりを要約するために、算術平均が最初に用いられたのはいつであろうか？　そして、このやり方が広く使われたのはいつであろうか？　この2つの質問はかなり異なっている。最初の質問は後で論じる理由で答えられないが、2番目の質問の答えは17世紀であろう。しかし詳細な日時について答えることは本質的に難しい。測定とそこに関連する報告の問題をよりよく理解するために、興味深い例をみていくが、そのなかには、この文脈での「算術平均」という表現がもっとも古く用いられ出版という形で残された1つの例が紹介されている。

方位磁針の偏差

　1500年までには、羅針盤すなわち「方位磁針」は、冒険的な船乗りの基本的な道具としてしっかりと定着していた。方位磁針があればどこにいても、どんな天気でも磁北を読み取ることができた。磁北と実際の真北とのずれはそれよりも1世紀も前にはすでによく知られていて、1500年までにはこのずれが場所によって異なり、しばしばかなりの程

度、東か西に10度あるいはそれ以上であるという現象もまたよく知られていた。これは、海による磁力不足の結果として方位磁針には大陸に向かうときと海から離れるときでは偏りがあるからだとその当時は信じられていた。羅針盤から真北をみつけるために必要とされる補正は方位磁針の偏差と呼ばれた。この時期の航海地図のいくつかには、航路の海峡や海からみえる陸標といった重要な場所に、このような補正の大きさが記されていた。そして、船乗りたちはこれらの記録された偏差に自信をもっていた。ウィリアム・ギルバートは1600年に出版された地球上の磁力についての古典『磁石について』で、それぞれの場所でのこのような偏差の不変性は地球が安定したときからずっと予想されてきたことであると報告している。「かつて方位磁針が東か西に傾くことがあったなら、今でもその偏差の大きさはどのような場所や地域でも、それが海や大陸であっても、同じでありつづける。プラトンや古代の作家が話してきたアトランティスのような大陸の大崩壊や国土の消滅が起こらない限りは、それは永遠に変わらない」

　しかし悲しいことに、船乗りたちとギルバートの自信は見当違いだった。1635年、ヘンリー・ゲリブランドは、50年以上のときを隔てたロンドンの同じ場所で方位磁針の偏差について観測し、その値を比較した。そして偏差にかなりの変化があることを発見した。真北を得るために必要な補正が1580年には11度東であったが、1634年までにはこれが小さくなって4度東になった。これら初期の測定は何回かの観測にもとづいていて、それらをよく調べてみると、当時の観測者が別々に、または一緒になってどのように算術平均を用いるかを探っていたようだ。しかし、はっきりと算術平均を使うようにはならなかったようだ。

　方位磁針の偏差についての初期の決定方法を記した最良の例は、ウィ

リアム・バロが1581年に出版した『羅針盤あるいは方位磁針の偏差についての論説』と題された小冊子である。その第3章に、ある場所における真北の方角についての詳細な予備知識がなくても、その偏差を測定できる方法が記されていた。そして、グリニッジ子午線からさほど離れていないロンドン東端ドックランズにあるライムハウスという場所でその方法を用いたことが説明されている。かれはアストロラーベ[1]を用いて太陽の仰角[2]を注意深く観測することを提案している。太陽が正午前に昇り、そして午後に沈んでいくその仰角が新しい角度に到達するたびに、バロは羅針盤の表面につくられる影の角度を読み取り記録することで、磁北からの太陽のずれを読み取っていたようである。太陽が最大となる仰角をつくるのは太陽が子午線を通過するときである。それは真北になっている（図1.1参照）。

　バロは、太陽の仰角がおなじになるところでの1組の磁針の観測記録を考察したようである。そのうちの1つが午前（図1.2でのFornoone）であり、もう1つは午後（図1.2でのAfternoone）である。一方では真北と磁北がライムハウスで一致するなら、その一致した値は2つの測定値の（ほぼ）中央であるはずである。というのも、太陽はもっとも高く昇った点（正午）を最大値とする対称となる弧の上を動くからである。他方では、磁北が真北よりも10度東であれば午前の影は10度だけさらに西にあり、午後の影も同じようになるはずである。どちらの場合にしても、2つの測定値の平均が羅針盤の偏差を与えるに違いない。バロによる1580年10月16日のデータの表が図1.2に示されている。

---

[1] 本質的には角度の目盛りが刻まれた真鍮の円盤。垂直方向につり下げられ、ファインダー・スコープを用いて太陽を観測する間にその角度を記録させる。
[2] 地平線からの角度。

図 1.1 バロが使用した羅針盤。垂直の柱は羅針盤の北端である。これは菖蒲によって印がつけられている。R.N. という頭文字はロバート・ノーマンのそれであり、かれの本にバロの小冊子が付属している。本文中で言及されている方位磁針の「点」は図で示されているように 8 ではないが、それぞれのすき間を四つの部分に分割している線があり、これにより円は 32 の部分、角度にして 11 度 15 分に分割されている。(ノーマン 1581)

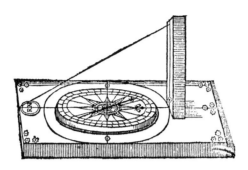

図 1.2 ロンドン近郊のライムハウスでの方位磁針の偏差のバロによる 1580 年のデータ (ノーマン 1581)

¶ In Limehouse the sixteenth of October. Anno, 1580.

Fornoone.			Afternoone.			
Elevation of the Sunne.	Variation of the shadow from the North of the Needle to the Westwardes.		Elevation of the Sunne.	Variation of the shadow from the North of the Needle to the Eastwards.		Variation of the Needle from the Pole or Axis.
Deg.	Degr.	Min.	Deg.	D.	M.	D. M.
17	52	35	17	30	0	11 17 ¾
18	50	8	18	27	45	11 11 ½
19	47	30	19	24	30	11 30
20	45	0	20	22	15	11 22 ½
21	42	15	21	19	30	11 22 ½
22	38	0	22	15	30	11 15
23	34	40	23	12	0	11 20
24	29	35	24	7	0	11 17
25	22	20	25	Frō N.to w. 0,8'		11 14

かれは午前の偏差[3]と午後の偏差[4]についての9組のデータをもっていた。その仰角は17度から25度の値をとる。午前と午後では符号が異なるため、右はしの列にある偏差は午前と午後の偏差の差を2で割っていることが分かる。太陽の仰角23度の組では

$$(AM+PM)/2 = (34度40分+(-12度0分))/2$$
$$= (34度40分 - 12度0分)/2$$
$$= (22度40分)/2 = 11度20分$$

となる。

9組のデータはかなり良く一致しているが、全く同じではない。バロは報告する1つの数字をどのようにして決めたのだろうか？ 統計学を用いる前の時代ではデータを報告する必要性は明確だったが、共通のひとそろいの要約方法はなかったので、それを記述する必要はなかった。実際、したがうべき前例もなかった。バロの答えは単純である。かれは右はしの列を参照して「すべてを比べて、ライムハウスでの方位磁針や方位磁石の真の偏差がおおよそ11度1/4あるいは11度1/3であることを知った。それはちょうど羅針盤の1つの点あるいはほんの少し大きい値である」と書いている。11度15分という値は現代のどの要約統計量とも一致していない。すなわち、平均、中央値、中点値、そして最頻値よりも低い。仰角22度のときの値と一致し、そのために選択されたのかもしれない。しかし、11度20分つまり23度の仰角のときの値もなぜかれは与えたのだろうか？ あるいは、おそらくかれは「羅針盤の一

---

[3] 西方への角度。
[4] 東方への角度。午前とでは符号が異なる。ただし、午後に観測された25度の仰角についてはやや西方にずれている。

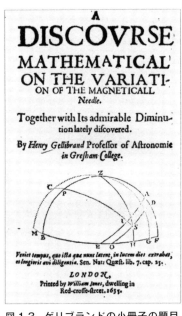

図 1.3 ゲリブランドの小冊子の題目頁（ゲリブランド 1635）

目盛」と一致するように数値をまるめたのだろう。つまり、羅針盤の 32 の目盛のそれぞれの間は 11 度 15 分である。とにかく、バロは表面的な妥協をする必要がないと感じていたのは明らかだ。かれは同じ仰角での午前と午後での値の平均をとることができたが、それは対照となる観測値を用いて結果を得る巧みな方法にすぎず、本質的に同等な観測値を組み合わせたものではなかった。この平均は「事前から事後を差し引く」差異対比であった。

それから半世紀以上後の 1634 年にグレシャム・カレッジの教授である天文学者のゲリブランドはこの問題を再考した（図 1.3 参照）。その 12 年前に、グレシャムでの先輩エドムンド・ガンターがライムハウスでバロの実験を繰り返し、8 つの方位磁針の偏差を決定し、その結果は、バロの 11 度 1/4 とはかなり異なり 6 度近辺の値であった。ガンターは非常に優れた観測者だが、自らの結果とバロの結果との間の不一致がバロによる間違いだと気付くには、ガンターには想像力が欠けていた。ゲリブランドはその見方を支持するほどバロを高く評価していて「この相当な不一致が、バロの観測の間違いだと私たちの何人かはあまりにも性急に非難した（もっともな根拠なしにではあるが）」と残念そうに記している。ゲリブランドは、バロの時

かれは午前の偏差[3]と午後の偏差[4]についての9組のデータをもっていた。その仰角は17度から25度の値をとる。午前と午後では符号が異なるため、右はしの列にある偏差は午前と午後の偏差の差を2で割っていることが分かる。太陽の仰角23度の組では

$$(AM+PM)/2 = (34 度 40 分 + (-12 度 0 分))/2$$
$$= (34 度 40 分 - 12 度 0 分)/2$$
$$= (22 度 40 分)/2 = 11 度 20 分$$

となる。

　9組のデータはかなり良く一致しているが、全く同じではない。バロは報告する1つの数字をどのようにして決めたのだろうか？　統計学を用いる前の時代ではデータを報告する必要性は明確だったが、共通のひとそろいの要約方法はなかったので、それを記述する必要はなかった。実際、したがうべき前例もなかった。バロの答えは単純である。かれは右はしの列を参照して「すべてを比べて、ライムハウスでの方位磁針や方位磁石の真の偏差がおおよそ11度1/4あるいは11度1/3であることを知った。それはちょうど羅針盤の1つの点あるいはほんの少し大きい値である」と書いている。11度15分という値は現代のどの要約統計量とも一致していない。すなわち、平均、中央値、中点値、そして最頻値よりも低い。仰角22度のときの値と一致し、そのために選択されたのかもしれない。しかし、11度20分つまり23度の仰角のときの値もなぜかれは与えたのだろうか？　あるいは、おそらくかれは「羅針盤の一

---

[3] 西方への角度。
[4] 東方への角度。午前とでは符号が異なる。ただし、午後に観測された25度の仰角についてはやや西方にずれている。

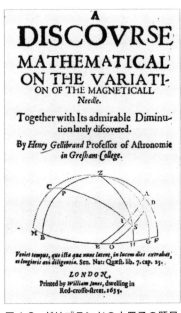

図 1.3 ゲリブランドの小冊子の題目頁（ゲリブランド 1635）

目盛」と一致するように数値をまるめたのだろう。つまり、羅針盤の32の目盛のそれぞれの間は11度15分である。とにかく、バロは表面的な妥協をする必要がないと感じていたのは明らかだ。かれは同じ仰角での午前と午後での値の平均をとることができたが、それは対照となる観測値を用いて結果を得る巧みな方法にすぎず、本質的に同等な観測値を組み合わせたものではなかった。この平均は「事前から事後を差し引く」差異対比であった。

それから半世紀以上後の1634年にグレシャム・カレッジの教授である天文学者のゲリブランドはこの問題を再考した（図1.3参照）。その12年前に、グレシャムでの先輩エドムンド・ガンターがライムハウスでバロの実験を繰り返し、8つの方位磁針の偏差を決定し、その結果は、バロの11度1/4とはかなり異なり6度近辺の値であった。ガンターは非常に優れた観測者だが、自らの結果とバロの結果との間の不一致がバロによる間違いだと気付くには、ガンターには想像力が欠けていた。ゲリブランドはその見方を支持するほどバロを高く評価していて「この相当な不一致が、バロの観測の間違いだと私たちの何人かはあまりにも性急に非難した（もっともな根拠なしにではあるが）」と残念そうに記している。ゲリブランドは、バロの時

代には使うことができなかったティコ・ブラーエによると思われる方法を用いて太陽の視差のバロの数値を調整さえしてみたけれども、その効果は無視できるくらい小さかった（例えば、20 度の仰角に対するバロの値 11 度 22 1/2 分がおよそ 11 度 32 1/2 分になった）。そこでゲリブランドは凝った新しい装置（アストロラーベの代わりに 6 フィートの四分儀）を用いて自らの観測をライムハウスからちょうどテムズ川南にある（かつ同じ経度の）デプトフォードではじめた。

1634 年 6 月 12 日、ブラーエの表をもとにした方法を用いて、ゲリブランドは 11 通りの異なる方位磁針の偏差を決定した。正午前に 5 通り、そして午後に 6 通りを得た（図 1.4 参照）。最大値は 4 度 12 分であり、最小値は 3 度 55 分であった。かれはつぎのようにまとめた。

> これらの一致した観測値は偏差を 4 度 12 分より大きくできなかったし、3 度 55 分よりも小さくもできなかった。その算術平均は 4 度と約 4 分に限定している。

その結果、ゲリブランドが報告した"平均"は全 11 個の算術平均ではない。それは 4 度 5 分である。その代わり、かれは後に統計学者が中点値（範囲中央、midrange）と呼ぶ最大値と最小値との平均を与えた。それ自体は驚きではない。それは 2 つの観測値の算術平均である一方、この 2 つの値の妥協点を与える他の方法もなかったからだ。実際のところ、何人かの天文学者が 2 つの値に直面していて、1 つの値を必要としているときには、これか、または何か似た方法を採用していた。1600 年代のブラーエとヨハネス・ケプラーは確実であるし、ひょっとすると紀元 1000 年前後のアル・ビールニーもそうであったかもしれない。ゲ

Observations made at Diepford An. 1634 Iunij 12 before Noone

Alt: ☉ vera	Azim: Mag	Azim. ☉	variatiō
Gr. Min.	Gr. M.	Gr. M.	Gr. M.
44, 45,	106, 0	110, 6	4, 6
46, 30,	109, 0	113, 10	4, 10
48, 31,	113, 0	117, 1	4, 1
50, 54,	118, 0	122, 3	4, 3
54, 24,	127, 0	130, 55	3, 55

After Noone the same day.

Alt. ☉ vera	Azi. Mag	Azim. ☉	Variation
Gr. Min.	Gr: M.	G, Mn.	Gr, Min
44 37	114: 0	109. 53.	4: 7
40 48	108: 0	103, 50	4: 10
38 46	105, 0	100, 48	4. 12
36 43	102, 0	97. 56	4. 4
34 32	99, 0	95, 0	4: 0
32 10	96: 0	91. 55	4: 5

These Concordant Observations can not produce a variation greater then 4 gr. 12 min. nor lesse then 3 gr. 55 min. the Arithmeticall meane limiting it to 4 gr. and about 4 minutes.

図 1.4　ゲリブランドのデータと「算術平均」の出現（上と下）（ゲリブランド 1635）

リブランドの成果は専門用語を用いたことであった。つまりかれは使用方法に名前をつけた。その名前は古代文明人には知られていたが、現在分かっている限りでは、かれらの誰もが自らの書物でその名前を実際に使うことに有用性も必要性も感じていなかった。

図 1.5　D.B. の手紙にある冒頭の一節（D.B.1668）

> **An Extract**
> *Of a Letter, written by* D. B. *to the Publisher, concerning the present Declination of the Magnetick Needle, and the Tydes,* May 23. 1668.
>
> Sir, I here present you with a Scheme of the *Magnetical Variations*, as it was sent me by Capt. *Samuel Sturmy*, an experienced Seaman, and a Commander of a Merchant Ship for many years; who (as he assures me) took the Observations himself in the presence of Mr. *Staynred*, an antient Mathematician, & others, in *Rownham*-Meadows by the water-side, in some such approach, I think, to *Bristol*, as *Lime-house* or the Fields adjoyning are to *London*. This (as the *Table* shews) was taken *June* 13. 1666. They observed again in the same day of the next year, *viz. June* 13. 1667; and then they found the Variation increas'd about 6. minutes *Westerly*.
>
> | Observed June 13. 1668. | | | | | | | |
> |---|---|---|---|---|---|---|---|
> | Sun's Observ'd Altitude. | | Magnetical Azimuth. | | Suns true Azimuth. | | Variat. Westerly. | |
> | Gr. | M. | Gr. | M. | Gr. | M. | G. | M. |
> | 44 | 20 | 72 | 00 | 70 | 38 | 1 | 22 |
> | 39 | 30 | 80 | 00 | 78 | 24 | 1 | 36 |
> | 31 | 50 | 90 | 00 | 88 | 26 | 1 | 34 |
> | 27 | 42 | 95 | 00 | 93 | 36 | 1 | 24 |
> | 23 | 20 | 103 | 00 | 101 | 23 | 1 | 23 |

　観測値の統計的な分析が実際に新たな段階に入ったというさらに最近の証は、1668 年に出版された「王立協会会報」の短報で、方位磁針の偏差についてである。そこでは、編集者のヘンリー・オルデンベルグが"D.B."からの手紙の抜粋を記載した。それはブリストル近郊での 5 通りの偏差の値を与えている（図 1.5 参照）。

　D.B. はスターミー船長の結論をつぎのように報告している。「この表を利用する際、スターミーは最大の間隔すなわち差が 14 分であると書き留め、そして真の偏差のために平均をとり、その場ですぐ 1666 年 6 月 13 日すなわち 1 度 27 分と決めた」。真の平均は 1 度 27.8 分であり、スターミー船長（あるいは数学者ステーンレッド）が小数点以下を切り捨てたのである。とにかく算術平均がその世紀の残り 1/3 のところで現れて、観測値を結びつける方法として公式に認識されたのは明確だ。そ

の誕生日は決してわからないかもしれないが、誕生したという事実は否定しようがない。

古代での集計

　統計的な要約量は文字と同じくらい長い歴史をもっている。図1.6は、シカゴ大学の東洋研究所で私の同僚であるクリス・ウッズが私にみせてくれた、文字が形成されはじめるおよそ紀元前3000年のシュメール人の粘土板を再現したものである。

　粘土板は2×3分割表とみなされ、2種類の商品の数、おそらくは過去3年間におよぶ2種類の穀物の（現代の数字を付記している）産出量を表している。1番上の行は6つの列に分かれていて、個数の上に各商品の記号が記されている。2番目の行は年あるいは列の総和であり、3番目の行には2種類の穀物の和があり、それらの総和が最後の行にある。今日、右の表にあるように、これらの数字は異なる方式で整理されている。

　統計的な分析はまだ行われていないし、そこには確かにカイ二乗検定も含まれていない。粘土板は当時としてはかなり高水準の統計的知性を示しているが、個別のデータそのものからかけ離れてはいない。表の本体が年ごとの穀物の総産出量を示しているだけではなく、粘土板の裏面にはこれらの数字のもととなる生データ、それぞれの生産者番号が記されている。5000年前であっても生データを公表するのは有用であると感じていた人がいたのである！

　しかし、統計的データの科学的分析はいつ始まったのであろうか？ 算術平均の使用が正式な統計分析となったのはいつであろうか？ それは本当に17世紀よりもずっと以前ではないのだろうか？ それよりも

図 1.6 紀元前 3000 年のシュメール人の粘土板を現代の数字を加えて再現したもの（ロバート・K・イングランドによる再構成、イングランド 1998, 63 より）

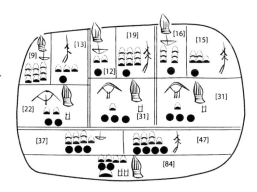

	1 年	2 年	3 年	合計
穀物 A	9	12	16	37
穀物 B	13	19	15	47
合計	22	31	31	84

前の時代に、天文学で、測量学で、または経済学で、なぜ平均は観測値を結びつけるために使われなかったのだろうか？　平均の数学は太古の昔に確かに知られていた。ピタゴラス学派の人は紀元前 280 年には算術平均、幾何平均、そして調和平均という 3 種類の平均についてすでに知っていた。そして、紀元 1000 年までに哲学者ボエティウスはその数をピタゴラス学派の 3 種類を含めて 10 種類にまで増やしていた。これらの平均は哲学的な意味で、線分の間の比を議論する際に、また音楽において展開されていたのだが、データの要約としてではなかった。

ギリシャ人やローマ人、あるいはエジプト人が 2000 年以上も前から日々の生活でデータの平均を使っていたことは確かだと思われるかもしれない。あるいは、仮にそうではなかったとしても、1000 年前には天文学研究に通じたアラビア科学において平均は確かに発見されていたに違いない。しかし、熱心かつ広範囲にわたる研究によっても、資料に裏づけられたそのような例はたった 1 つでさえもみつけられてはいない。

　初期における平均の使用についてもっとも断固とした探求者は、不屈の研究者チャーチル・アイゼンハートであった。かれはほとんどの生涯をアメリカ国立標準局の仕事に費やした。数十年にわたり、かれは平均の歴史的な利用法を追跡し、1971 年にアメリカ統計協会での会長講演で自らの研究をまとめた。かれの熱意ある講演はほぼ 2 時間におよんだが、それだけの努力にもかかわらず平均がもっとも早く記録に残るかたちで使われていたのは私がここですでに言及した D.B. とゲリブランドによるものであった。ヒッパルコス（紀元前 150 年前後）とプトレマイオス（紀元 150 年前後）は、自分たちの統計的な手法について沈黙しているとアイゼンハートは感じている。アル・ビールニー（紀元 1000 年前後）は、最小値と最大値との差を分割することで作られた数字を用いることで、平均にもっとも近いものを与えた。インドにおいてかなり早い時期にこの平均は幾何学の実践分野で発生していた。ブラマグプタは、紀元 628 年に記した測定についての論文で、でこぼこの洞穴の体積を求めるときに洞穴の寸法の平均をとり、同一の寸法をもつ直方体の体積で洞穴の体積を近似する方法を提案した。

　長年にわたって、多くの種類のデータが収集されたと歴史的な記録は示している。ある場合には要約量が不可欠であった。もし平均が用いられていなかったら、人びとは要約、つまり報告のために 1 つの数字を決

めるために何をしてきたのだろうか？ おそらく、平均が用いられたときと類似した例をいくつかみることによって、統計学の時代に入る前にはどのようにこの問いをとらえていたかを読み取ることができるだろう。

トゥキュディデスの物語には攻城梯子(はしご)の話が含まれているが、これは紀元前428年のことであると推定される。

> 梯子は敵の城壁の高さに合うように作られていて、その高さはレンガの層によって測定された。かれらに面している壁面は完全に漆喰(しっくい)で塗られているわけではなかった。レンガの層は多くの人びとによりいっせいに数えられた。誰かが数え間違えても、何度も何度も繰り返して数えられていたために、また壁からはそんなに遠く離れているわけではなかったので、多くは正しい数字であった。目的のためにはこれで十分である。このようにして、レンガの幅から梯子に必要な長さは、計算された。

トゥキュディデスはいわゆる最頻値（モード）、すなわち、もっとも頻繁に現れる値の利用について書いている。数えられた数は独立性に欠けているだろうから、最頻値は特に正確というわけではない。トゥキュディデスはそのデータを与えていないがその報告値が1つの値の周辺にしっかりと集まっていれば、他のどの要約量とも同じくらい良いはずだ。

もう1つ、1500年代初期からずっと後の例を、ヤコブ・コーベルが測量についての見事な図解付きの本のなかで報告している。コーベルが伝えているように、当時の土地の測量の基本的な単位はロッドであり、1ロッドは16フィート（足）の長さで定義されていた。そして、当時、1フィートは実際の足の長さを意味していた。しかし、誰の足であろう

図 1.7 法によって認められたロッドの決定についてのコーベルの銅版画（コーベル 1522）

か？　確かに国王の足ではない。さもなければ君主が代わるたびに土地の契約の再交渉が必要となってしまう。コーベルが報告した解決策は、単純かつ見事である。教会での礼拝の後に勧誘された16人の市民（当時は全員男性）が代表者となり、かかとからつま先までをつめて1列に並ぶように求められ、その線の長さで16フィートすなわち1ロッドが決められた。コーベルが自ら描いた銅版画は、説明に役立つ美術の傑作である（図 1.7 参照）。

　それはまさに共同体のロッドである！　そして、決まったロッドを

16等分すると、その1つ1つが共同体のロッドから得られた1フィートに相当する。関数としては、16人それぞれの足の長さの算術平均であるが、どこにも平均とは言及されていない。

　ほぼ2000年のときを隔てたこれらの2つの例は共通の問題点を含んでいる。類似しているが同一ではない測定値の集合をどのように要約したらよいのだろうか。それぞれの状況で、この問題の処理方法は、データの結合に含まれる知的な難しさを反映している。古代でも中世でも、多様なデータの要約を必要とするときには、人びとはデータの中から1つを選んだ。トゥキュディデスの物語では、選ばれた1つの値はもっともよくある値、最頻値である。他の例では、選択された値は抜きん出ているものかもしれない。数値データでは最大値、つまり記録的な値でさえもあり得る。どの社会でも全体を代表するものとして、自分達の最大値を広めようとしてきた。すなわち、端的に言えば選択値ははっきりと規定されていない理由による「最良のもの」として選択された個人あるいは値であった。天文学では、「最良の」選択値は観測者に関する個人的知識か観測のための大気の状態を反映していた。しかし、何が行われていたにしても、それは少なくとも1つのデータ値の個性が維持されていることを意味する。コーベルの説明では、強調すべきは16人それぞれの足である。絵のなかでの人びとはその当時としてまさに1人1人の見分けがついている。いずれにしても、個人がまとまってロッドを決定するという考えは説得力のある主張である。ばらばらな足の痕跡が本当の平均の基盤であったとしても、ばらばらな足跡が合法なロッドの正当性の鍵となっているのである。すなわち、かれらの独自性は切り捨てられていないことになる。

平均人

　1800年代までに、平均は天文学と測地学では広く使われていて、1830年代には社会に幅広く普及していた。ベルギーの統計学者アドルフ・ケトレは、いわゆる社会物理学と呼ばれるものの発端をその当時に巧みに作り上げていて、人びとを集団としてとらえたときに比較ができるようにと平均人を導入した。ケトレは、元々これを、いくつかの人間の集団を比較したり、単一の集団を異時点間で比較する装置とみなしていた。英国人の集団の平均身長はフランス人の集団のそれと比較し得るのだ。与えられた年齢の平均身長の経年変化から、集団の成長曲線が導き出される。平均人はただ1人ではない。それぞれの集団に固有の平均人がいる。ところで、かれは男性に焦点を当てていたので、女性はこの分析の対象ではなかった。

　1840年代にはすでにこの考えは批判にさらされていた。アントイン・オーグスチン・クールノーは、平均人は身体的怪物であると考えていた。ある母集団の平均身長、平均体重、平均年齢をもつ人が実際にいる可能性は極端に低い。もし、直角三角形を集めてそれぞれの辺を平均化すると、これらの三角形がお互いにどれも相似でない限りその結果から得られる図形は直角三角形ではないとクールノーは記している。

　もう1つの批判は医師、クラウド・バーナードにより1865年に書かれている。

　　　生物学へのよくある数学のもう1つの応用は平均の使用である。医学や生理学では、それは、いわば必然的に間違いを引き起こす…もしある人の尿を24時間採集し、平均を分析するためにすべてを混ぜる

のであれば、単に存在しない尿を分析していることになる。というのも、空腹時の尿は消化時の尿と異なるからである。この種の驚くべき例は、ある生理学者によってもっともらしく考え出された。その人はあらゆる国の人が通過する鉄道の駅の男性用小便器から尿を採取し、平均的な欧州人の尿の分析が得られたと信じていた。

　ケトレはそのような批判にくじけず、平均人は集団の「典型的な」例として「類型」を表現し、比較分析のための集団的代表としての役割をはたすと主張した。それ自体はかなりの成功をおさめていたがときどき乱用もされた。それでも平均人とその派生分野は、物理科学の方法のいくつかが社会科学に採用される理論的な構造となった。

　1870年代に、フランシス・ゴルトンが平均という考えを非定量的なデータへ応用しようと1歩踏み出した。かれはかなりの時間と労力を割いて、合成肖像画にもとづく「属の像」とかれが呼ぶものを構築した。そこでは、ある集団の何人かの構成員の写真を重ねて焼き付けて、その集団の男性あるいは女性の実質的な平均人の写真を生み出した（図1.8参照）。かれは、姉妹や他の家族の構成員との間の顔面の一致は、ある家族の類型を出現させる可能性を見いだし、その他の集団にも採用し、アレキサンダー大王の勲章（より現実的な肖像を明らかにしようと）、犯罪者の集団、そして同じ病気に苦しむ人びとの合成画像を作成した。

　ゴルトンはこれらの写真を作成する際に制約を課していた。そしてこれらの属の肖像画の限界に十分に気付いていた。かれが説明するように、「同族の集団だが、共通の軸には集まっていない対象を混合する夢をみる統計学者はいない。異質の要素のなかから属の肖像画を作り上げようと私たちは決して試みてはいない。というのも、仮にそうしたら結果は

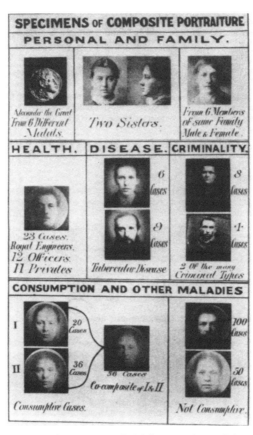

図 1.8　ゴルトンによる合成肖像画のいくつか（ゴルトン 1883）

図 1.9　パンペリーによる 12 人の数学者の合成肖像画（パンペリー 1885）

怪物であり、かつ意味のないものになるからだ」。かれのあとに従った何人かはそこまで注意深くなかった。アメリカ人の科学者ラファエル・パンペリーは、1884 年 4 月に開催されたアメリカ科学アカデミーの会議に出席した人の写真を撮り、その翌年にその結果を出版した。一例として、図 1.9 にある 12 人の数学者[5]の像は平均的な数学者の合成写真として重ねて焼き付けされている。この合成写真がゴルトンの犯罪者の写真と同じくらい悪意に満ちているという事実を脇に置くとして、きれいにひげをそった人の像と、あごひげがある人、ならびに口ひげがある人の像との合成は、1 週間ヘアブラシを無くした誰かによく似ていることに気付かされる。

集計と地球の形状

　1700 年代の中頃には、統計的な集計は非常にさまざまな環境のもと

---
[5]　当時の数学者には天文学者と物理学者も含まれていた（訳者注）。

で測定が行われるような状況へと利用が広がっていった。実際、そのような環境に科学者は追いこまれていた。もっとも単純な形の最初の例は18世紀の地球の形状についての研究である。当初は地球は球体で近似すべきだと考えられていた。しかし航海と天文学の正確性が増して、これについての疑問が生じてきた。アイザック・ニュートンは力学的考察から、地球はわずかに回転楕円体（極方向に押しつぶされ、赤道が広がっている）ではないかと言い出した。フランスの天文学者ドメニコ・カッシーニは、地球は極が引き伸ばされた長球であると考えた。この問題は、異なる緯度の場所で測定し、その結果を比較すれば解決できる。赤道から北極までのいくつかの場所で弧の長さ（A）が測定された。その弧は向きが赤道と直角であり、いわゆる子午線の四分円弧（北極から赤道まで走っている）の一部である。地面に沿った弧の長さが測定され、この長さを両端の緯度の差で割ることで緯度1度に相当する弧の長さが得られる。緯度は目視によって、北極星と地平線との間の角度から得られる。自分の位置が赤道から離れるにしたがってこの1度の弧がどの程度変化するかをみることで、この問題は解決される。

　回転楕円体の弧の長さと緯度との関係は楕円積分によって与えられるが、短い距離（そして比較的短い距離のみが実際に測定できる）では単純な方程式で十分である。Aを1度の弧の地面に沿って測定された長さ、Lを弧の中点の緯度としよう。これも北極星の観測によって決定され、赤道では$L = 0$度、北極では$L = 90$度である。このとき、それぞれの短い弧の測定値は$A = z + y \times \sin^2 L$で近似できる。

　　地球が完全なる球体であれば$y = 0$であり、すべての1度の弧は同じ長さzである。

もし地球が回転楕円体であれば $y>0$ であり、弧の長さは赤道($\sin^2$ 0度 $=0$)の z から、北極($\sin^2$ 90度 $=1$)の $z+y$ までの値をとる(ニュートン)。

　もし地球が長球であれば $y<0$ である（カッシーニ）。

y の値は極の超過あるいは、もし負の値ならば不足であると考えられる。「楕円率」(球形からのかい離の尺度)は近似的に $e=y/3z$ [6] と計算される。

　これらの分析にはデータが必要とされた。この問題は、任意の2地点において1度の長さを測定すれば簡単に解決される。例えば、1カ所は赤道上、もう1カ所はローマ近郊でもよい。当時、長さはトワズで測られていた。これはメートル法以前の単位で、1トワズはおよそ6.39フィートである。緯度の1度はおよそ70マイルであって長すぎて実用にならない。そこでより短い距離を測定し外挿した。フランスの探検家ピエール・ボゲールは1736年に現在のエクアドルにあるキト付近で測定した。ここは赤道近くで南北方向へ比較的長い距離を測るのに適している。ボゲールは長さが $A=56751$ トワズ、$\sin^2(L)=0$ であると報告した。1750年にイエズス会の研究者ルジェル・ヨシブ・ボスコヴィッチによるローマ近郊での測定では $A=56979$ トワズ、$\sin^2(L)=0.4648$ であった。これらは2本の方程式

$$56751 = z + y \times 0$$
$$56979 = z + y \times 0.4648$$

で表現できる。これらの式は容易に解けて、当時の書式で $z=56751$、

---
(6)　わずかに改善した近似 $e=y/(3z+2y)$ が時々使われる。

$y = 228 / 0.4648 = 490.5$、$e = 490.5 / (3 \times 56751) = 1/347$ と書かれた。

　しかし、ボスコヴィッチが1750年代後半にこの問いについて報告するまでには、信頼される弧の長さの記録は2個ではなくて5個になっていた。キト（アメリカ）、ローマ（イタリア）、パリ（ガリア）、ラップランド（スウェーデン）、そしてずっと南に行ってアフリカの先端にある喜望峰（Ad Prom. B.S.）である。これらのどの2つからでも解が得られる。そしてそのためにボスコヴィッチはデータに当惑した。解は10個あり、すべてが異なっていたのだ（図1.10と図1.11参照）。

　ボスコヴィッチにとっては難問である。5個の弧の観測値はどれも同じではない。1つの対を単純に選んで、それで良しとすべきだろうか？ そうではなく、かれはいままでにない集計法を考案した。これにより5個すべてのデータにもとづいた、原理に裏づけられた解決が可能となったのだ。かれにとって、データでもっとも疑わしい点は弧の測定であった。これらの弧は極めて難しい条件下にあるので注意深く測定される必要があった。パリやローマ周辺の森林から、アフリカの先端へ、ラップランドの凍ったツンドラへ、世界を半周したエクアドルの平野へ、そして確認のための測定のやり直しはほぼ不可能であった。式 $A = z + y \sin^2(L)$ について考えると、ボスコヴィッチはつぎのように推論した。z と y を選択するたびに対応する A の値が決まる。そして、もしその測定値が式にぴったりあてはまるとしたら、その値と観測値の差は、観測された A と式の A が一致するために必要な調整値であると考えられる。すべての可能な z と y のうち、選ばれた z と y が A の平均と L の平均と無矛盾であると仮定して、調整値の絶対値の和を最小にする値はいくつだろうか？ ボスコヴィッチは最良の値を得るための巧みな数学的な手続きを与え、それは現在ではいわゆる線形計画問題と呼ばれる初期の例である。かれの

Locus observationis	Latitudo ° '	½ sin. vers.rad. 10000	Hexapedæ	Differ. a primo	Differ. computata	Error
In America	0　0	0	56751	0	0	0
Ad Prom. B. S.	33　18	2987	57037	286	240	−46
In Italia	42　59	4648	56979	228	372	144
In Gallia	49　23	5762	57074	323	461	138
In Lapponia	66　19	8386	57422	671	671	0

図 1.10　ボスコヴィッチの 5 個の弧の長さのデータ。列はそれぞれの弧（i=1, …, 5）にたいして緯度 L_i（度）、$\sin^2(L_i)$ [=1/2（1-cos（L_i））=1/2 正矢]、A_i（"高さ" トワズでの長さ）、弧 1 と弧 5 から得た解を用いたときの差 A_i-A_1。そしてこれらの差の間にある差。喜望峰の $\sin^2(L)$ は 2987 ではなくて 3014 でなければならない。（ボスコヴィッチ 1757）

Binarium	Differ. in pol., ☋ æqu.	Ellipticitas	Binarium	Differ. in pol., ☋ æqu.	Ellipticitas
1, & 5	800	$\frac{1}{213}$	2, & 4	133	$\frac{1}{128}$
2, 5	713	$\frac{1}{239}$	3, 4	853	$\frac{1}{200}$
3, 5	1185	$\frac{1}{144}$	1, 3	491	$\frac{1}{347}$
4, 5	1327	$\frac{1}{128}$	2, 3	−350	−$\frac{1}{486}$
1, 4	549	$\frac{1}{314}$	1, 2	957	$\frac{1}{78}$

図 1.11　ボスコヴィッチの 10 対の弧の長さから計算した極の超過 y と楕円率 e=3y/z。（2, 4）と（1, 2）の楕円率は印刷間違いで、1/1282 と 1/179 である。（1, 4）の数字は間違いで、それぞれ 560 と 1/304 である。（ボスコヴィッチ 1757）

方法による5個の弧についての解は $z = 56,751$、$y = 692$、$e = 1/246$ である。

つぎの半世紀では、さまざまな状況のもとで行われた一貫性のない測定を調整するため、集計の何らかの手続きを用いた多様な方法が提示された。もっとも成功したのは最小二乗法である。これは形式的には観測値の重みづけ平均である。これは、他のどの用法よりも、3個以上の未知数を決定するために、より複雑な状況に容易に拡張しやすいという利点がある。これは、最初に、エイドリアン‐マリー・ルジャンドルによって1805年に出版された。彗星の軌道を決定する方法を説明する本のなかで初めて紹介されていたが、かれが与えた実例は、地球の楕円率を決定するためのものであった。それはまた、フランス革命後のメートルの長さを定義するために採用された方法と同じ測定法であった。ここでのデータは、楕円率 1/148 という大きな値を与えている。これは弧の範囲がより小さい[7]ことと他の値との差のために、赤道からラップランドまでの範囲で行われたこれまでの測定よりも適切ではないと判断された。そのため、最終的なメートルは異なる調査研究から導かれた結果と掛け合わせて決定された。

集計は、単純な加算から略式の検査も通さない最近の計算手続き（アルゴリズム）に至るまで多くの形式をとっている。しかし、それぞれの観測値を完全に列挙する代わりに要約を用いる原理、すなわち選択的に情報を捨てることによって情報を獲得しようとする原理は同じである。

---

(7) すべてフランス内でわずか10度の緯度。

第2章 情報

その測定と変化の割合

　第2の柱、情報の測定は論理的に第1の柱と関連がある。もし観測により情報を獲得するのであれば、得たものはどのように観測数と関連しているのだろうか？　情報の価値とその量をどのように測ったら良いのだろうか？　これもまた長く興味深い知の歴史であり、古代ギリシャ時代にまでさかのぼる。

　砂山の逆説はギリシャ人にはよく知られている。砂1粒は砂山を作らない。山ではない積み重ねにもう1粒の砂を追加してみよう。確かにたった1粒の積み重ねでは山にはならない。しかし、どうにかして砂は積み重なって山になる現象は誰もが知っている。この逆説は一般的には紀元前4世紀の哲学者ミレトス学派のエウブリデスが考えたとされている。その5世紀の後に、内科医であり哲学者でもあるガレンは、この逆説を統計学と関連する問題として提起した。ガレンは経験主義者と教条主義者との間の討論を示した。

　教条主義者は初期の医学的理論家であり、論理を使って治療を行った。その症状は熱の不足を、それとも熱の過剰を示唆しているのだろうか？　それによって患者を温めたり冷やしたりしなければならない。体内に有毒な成分はあるのだろうか？　もしそうなら体外に血を出す（瀉血する）か、または他の方法で毒を排出しなければならない。

　経験主義者は、証拠にもとづいた医療の支持者である。治療法について疑いがあると記録をみる。瀉血や保温は何回ぐらい効果的なのだろう

か？　その治療法は以前に機能したのだろうか？　過去に失敗はあったのだろうか？　好ましい証拠が治療法を支持するまでに十分に蓄積されていれば、それを標準として採用できる。それまでは疑わしいのだ。

　教条主義者は砂山の逆説に反論した。確かに、好ましい証拠が１つだけでは一般的な結論を引き出すには不十分である。そして、もし不確かな段階にあれば、１つの好ましい証拠を加えることはどのようにこの均衡を動かすのだろうか？　そのとき、たった１つの証拠で確信が得られるのだろうか？　とはいうものの、蓄積した証拠によってこれまでどのように確信させられてきたのだろうか？　そして、そこにはいまだに否定しがたい砂山があるように、確信をもてる治療法の記録がある。ガレンは経験主義者を支持していた。確かに医療の歴史において収集された証拠には細心の注意が払われるべきである。しかしそれでも、問題は残る。より多くの証拠は少ないよりはずっと良いとしても、どれくらい良いのだろうか？　非常に長い間、明白な答えはなかった。

造幣局の硬貨検査（貨幣大試験、貨幣検査函審査）

　この答えのない状態がもたらす費用の例として、造幣局の硬貨検査を考えてみよう。12世紀の英国では唯一強力な中央権力が存在せず、このことは財政政策における難題となっていた。実際、国王はいたのだが、国王の権力は何人かの強力な封建貴族によって相殺させられていた。1215年のマグナ・カルタによって、ジョン王は結局権力を譲歩せざるを得なかった。そして同時に[(1)]、一般に合意された通貨が商業的には必要であり、より幅広く信頼される貨幣制度が求められていた。1851

---

(1) あるいは幾分それよりも前に。その初期の歴史ははっきりしない。

年まで英国の硬貨は主にロンドン造幣局により供給されていたが、それが王立造幣局に移って以降、国王から独立して運営されるようになった。国王と諸侯は金と銀の延べ棒を造幣局へ持ち込み、その代わりとして硬貨を受け取った。すべての適切な処理を保証するためには、国王からの証書が有効であり、それには硬貨の重さと純度が明記されていた。そして、造幣局の硬貨が明記された規準を満たしているかを管理するために、証書には造幣局の硬貨の価値を検証するための検査が規定されていた。これらの検査は製造工程における品質管理の初期の例である。

　造幣局の検査は、少なくとも12世紀後半あるいはそれより1世紀前に始まった。手続きのさらに詳細な記述はそれより後に生まれたが、近代よりもずい分前に変えられたとする理由はない。それぞれの製造日に、鋳造された硬貨が選ばれ、後の検証のために貨幣検査函とよばれる箱に保管された。選別は厳密には無作為ではないが、いくつかの報告書に用いられた。たとえば、「公平に」あるいは「偶然に任せて」という用語は、選別が無作為な標本からさほどかけ離れていない可能性を示唆している。例えば、1300年代では3ヵ月ごとというように、さまざまな間隔で貨幣検査箱は硬貨の正確性に関心をもつ人びとを代表する判定官の前で開けられた。そこでふたたび選別が行われ、ある硬貨は金の含有量を分析する検査にまわされ、それ以外は重さの検査にまわされた。統計学的な興味として強く引きつけられるのは後者である。

　すべての参加者は、異なる硬貨の重さには、幾分かのばらつきが避けられないことを理解していた。そして証書（規定）には目標重量（T）と公差とよばれる許容誤差（R）についての詳細な記述がある。もし重さが$T-R$未満であれば、造幣局長はしかるべき罰金を払う必要があった。前回の硬貨検査以降のすべての硬貨の量に比例した罰金が現金決済

されたが、初期の検査では手を切り落とすなどもっとひどい脅しがあった。重すぎる硬貨もまた問題である。というのも、そういった硬貨は抜け目ない企業家が流通からみつけ出し、延べ棒に作り変えてしまうからである。しかし、造幣局にとってそこから得る利益はなく、検査の焦点はもっぱら軽い硬貨であった。

　硬貨はまとめて重さ（量目）が量られる。おそらく1枚ずつ重さを量るのは骨が折れるというだけではなく、まとめて量るよりも重さの誤差の割合が大きい傾向があることを大まかに理解していたためである。たとえば、金貨100枚をまとめて重さを量れば、その目標値は$100T$である。しかし、公差はいくらになるのであろうか？　かれらの答えは明らかである。この場合の公差は単純に$100R$である。もしまとめた重さが$100T - 100R$よりも小さいときにのみ、造幣局は検査に落ちる。しかし、現代の統計理論によればこれは間違いである。これは造幣局に寛大過ぎるのである。基準がかなり低いので、抜け目ない造幣局長であれば低く鋳造目標を定め、例えば$T - 0.5R$や$T - 0.8R$でさえも、実質的に検査に落ちる心配がなく運営できたはずである。もし硬貨の重さが独立[2]にばらついているのであれば、硬貨100枚に対しての適切な公差は$100R$ではなくて$10R$であろう。統計的に重さが独立であれば、そのばらつきは硬貨の枚数の平方根に従って増大する。独立なばらつきは単純な仮定だろうが、得られる結果は$100R$よりもずっと真実に近いものになる。1866年からのいくつかのデータは、1枚の硬貨に対する公差はおおよそ標準偏差の2倍の水準に定められていることを示している。これは硬貨100枚では公差が目標から20倍の標準偏差に誤って定められていたことを意味している。1000枚またはそれ以上の硬貨の重さを量る検査も

---

(2)　それぞれの硬貨のばらつきがお互い統計的に無相関。

いくつか含まれていた。その結果としての検査は、$T-R$ より少しだけ高く目標設定する限りにおいては、官僚が望むのと同じ程度に造幣局にとっても安全であった。

　19世紀のイギリスの議会審査で、王立造幣局の役員が低い目標値で鋳造していないかを尋ねられ、フランス人はそうしているに違いないが自分たちは決してしていないと審査官に断言した。もちろん、硬貨検査をはじめたころ、最高の数学者であっても、いわゆる現在の n の平方根規則の意味するところを知るすべはなかった。ここで n は硬貨の枚数である。ただし、1人の造幣局長官は平均的な数学者よりはずっと優れていた。それはアイザック・ニュートンである。1696年から1727年まで、ニュートンは王立造幣局監事、そしてその後の王立造幣局長官となった。そして、1727年の死去の際に、ニュートンはかなりの財産を遺した。しかし、明らかにかれの富は投資から得られたもので、造幣局の手続きの不備をみつけて、個人的に利益を得るためにそれを活用したという嫌疑をかける理由はどこにもない。

アブラーム・ド・モアブル

　加算される独立な項の数に比例してその和の変動が増加するわけではないこと（そして平均の標準偏差が項の数に比例して増加しないこと）が初めて認識されたのは1700年代であった。情報の正確性は、加えられたデータに対して線形には蓄積されないというこの新しい洞察は、1720年代にアブラーム・ド・モアブルによってもたらされた。それはかれが試行回数の大きい2項確率の正確な計算方法を求めはじめたときだった。1733年には、今では2項分布の正規近似と呼ばれている有名

な結果が導かれている。かれは、1730年までにはこの分布の決定的な特徴はnの平方根の偏差と関連すると気が付いていた。もし、2項分布の頻度関数を曲線として考えるのであれば、(広がりを制御すると考えられる) 変曲点は$\pm \sqrt{n}/2$である。

　この影響は、ド・モアブルにも明らかであった。かれの著書『偶然の学理』の1738年版(ラテン語)からの最初の翻訳をわずかに拡張して、大きなnに関して正規近似の変曲点間の確率の合計は0.682688 (およそ28/41) であると記していた。このときにはじめて標準偏差(名はないが)が登場した。そして、$-\sqrt{2n}/4$から$+\sqrt{2n}/4$の短い間隔ではその確率の和は大体2分の1 (図2.1と図2.2参照) になる。68%、または50%[3]というように、確実性の標準がどのように採用されたとしても、推定精度は試行の数の平方根にしたがって変化する。

　1810年にピエール・シモン・ラプラスはド・モアブルの結果をより一般化して証明した。これは現在では中心極限定理とよばれる。n回のベルヌーイ試行において、その成功回数は正規分布で近似できるとド・モアブルが推論したところを、ラプラスは (硬貨の標本の重さのような) 観測値の合計あるいは平均について同じ結論に達した。ここで、それぞれの観測値 (あるいは観測誤差) はほほどのような分布に従っていてもよい。証明の厳密さは十分ではなく、1824年までにシメオン・デニス・ポアソンは現在ではコーシー分布とよばれる例外的な状況に気が付いた。しかし、かなり多くの状況ではこれが正しい結果だと分かり、その現象の理解はすぐに数理科学者に広まった。

　皮肉にもラプラスの結果についての最初の論文にはnの平方根とは記

---

[3] あるいは90%か95%であるか、はたまた近年に発見されたヒッグス粒子のようにおよそ99.999998%。

図 2.1 ド・モアブル『偶然の学理』(第二版)より。最後の段落は初期の文章(1733年に私的に回覧されたラテン語版)に追加された。(ド・モアブル 1738)

The DOCTRINE *of* CHANCES. 239

COROLLARY 5.

And therefore we may lay this down for a fundamental Maxim, that in high Powers, the Ratio, which the Sum of the Terms included between two Extreams diftant on both fides from the middle Term by an Interval equal to $\frac{1}{2}\sqrt{n}$, bears to the Sum of all the Terms, will be rightly expreſs'd by the Decimal 0.682688, that is $\frac{28}{41}$ nearly.

Still, it is not to be imagin'd that there is any neceſſity that the number n ſhould be immenſely great; for ſuppoſing it not to reach beyond the 900th Power, nay not even beyond the 100th, the Rule here given will be tolerably accurate, which I have had confirmed by Trials.

But it is worth while to obſerve, that ſuch a ſmall part as is $\frac{1}{2}\sqrt{n}$ in reſpect to n, and ſo much the leſs in reſpect to n as n increaſes, does very ſoon give the Probability $\frac{28}{41}$ or the Odds of 28 to 13; from whence we may naturally be led to enquire, what are the Bounds within which the proportion of Equality is contained; I anſwer, that theſe Bounds will be ſet at ſuch a diſtance from the middle Term, as will be expreſs'd by $\frac{1}{4}\sqrt{2n}$ very near; ſo in the caſe above mentioned, wherein n was ſuppoſed $= 3600$, $\frac{1}{4}\sqrt{2n}$ will be about 21.2 nearly, which in reſpect to 3600, is not above $\frac{1}{169}$-th part: ſo that it is an equal Chance nearly, or rather ſomething more, that in 3600 Experiments, in each of which an Event may as well happen as fail, the Exceſs of the happenings or failings above 1800 times will be no more than about 21.

図 2.2 (1730年に議論されたように)ド・モアブルの二つの変曲点を表した図。n = 999 である対称の二項分布での図を重ねている。1840年代にケトレが描いた。

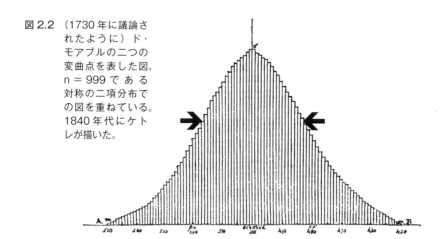

載されずに n と誤植があった（図 2.3 参照）。しかし、それは 2 年後に出版された書籍版では修正された。

　n の平方根規則の影響は衝撃的であった。もし研究の正確性を 2 倍にしたければ、倍の努力では不十分である。4 倍の努力が必要だ。より多く学ぶことは一般的に信じられているよりもずっと費用がかかった。ヤコブ・ベルヌーイはかれが許容水準であると考える正確性を達成するために、26,000 回の試行を必要とするという発見をして、かれの偉大な本『推測術』に取り組むのをやめてしまった。その当時、n の平方根規則は知られておらず、かれが必要とした正確性の水準が実際には達成不可能であると事前には分からなかったのだ。時間と共に、統計学者は不満ながらも受け入れ、かつ、調整された自分たちの期待にそれ相応の我慢をしなければならないと学んだ。その一方では、誤差や変動の蓄積についてのよりよい理解を追求し続けていた。このことは長年の数学的な実践と正反対の動きであった。数学的な一連の操作において、数学者はそれぞれの段階で生じうる最大誤差を記録し続けていた。これは、一連の操作が伸びるにつれて大きくなる量である。一方、統計学者は一連の操作が伸びるにつれて相対的にみれば小さくなる誤差の相殺の可能性を考慮に入れていた。

改良、拡張、そして逆説

　19 世紀の中頃までに n の平方根の規則は洗練された。イギリスの天文学者ジョージ・ビドル・エアリーは、1861 年に小冊子『観測誤差と観測値の組合せの代数的かつ数値的理論について』を出版した。そこには「もつれる観測値」という節が含まれていた。もつれるとはここでは

> # SUPPLÉMENT AU MÉMOIRE
>
> Sur les approximations des formules qui sont fonctions de très-grands nombres.
>
> Par M. Laplace.
>
> J'ai fait voir dans l'article VI de ce Mémoire, que si l'on suppose dans chaque observation, les erreurs positives et négatives également faciles; la probabilité que l'erreur moyenne d'un nombre n d'observations sera comprise dans les limites $\pm \frac{r'h}{n}$, est égale à
>
> $$\frac{2}{\sqrt{\pi}} \cdot \sqrt{\frac{k}{2k'}} \cdot \int dr \cdot c^{-\frac{k}{2k'} \cdot r^2}$$
>
> h est l'intervalle dans lequel les erreurs de chaque observation peuvent s'étendre. Si l'on désigne ensuite par $\varphi\left(\frac{x}{h}\right)$ la probabilité de l'erreur $\pm x$, k est l'intégrale $\int dx \cdot \varphi\left(\frac{x}{h}\right)$ étendue depuis $x = -\frac{1}{2}h$, jusqu'à $x = \frac{1}{2}h$; k' est l'intégrale $\int \frac{x^2}{h^2} \cdot dx \cdot \varphi\left(\frac{x}{h}\right)$, prise dans le même intervalle: π est la demi-circonférence dont le rayon est l'unité, et c est le nombre dont le logarithme hyperbolique est l'unité.
>
> Supposons maintenant qu'un même élément soit donné par n observations d'une première espèce, dans laquelle

図 2.3　中心極限定理のラプラスによる最初の明確な記述。ここでは、現在では e を使うが、かれは c を使っている。k'/k は変動であり、その積分は平均誤差が与えられた限度（丸がある箇所）を超えない確率を表している。しかし、分母の n は√n でなければならない。（ラプラス 1810）

いくつかの観測値が共通の要素をもつことで、それは今でいう相関である。エアリーは導出される推定量の変動にこの関係が与える影響を示した。これはデータに含まれる情報量への相関の影響を理解する第一歩であった。

　アメリカの哲学者であり博識者であるチャールズ・S・パースが、1879年に「調査の経済学理論」と呼ぶ短い小論文を出版したときに、さらに一歩進んだ。パースはかれ自身の目標をつぎのように書いている。「一般に経済の教義は、効用と費用との関係を論じている。この関係の1分野では、効用と私たちの知識にある確率誤差の逓減費用との関係について考察している。ここでは、限られた資金と時間と活力のもとで、どのようにすれば私たちの知識にもっとも大きな価値の増加をもたらすことができるのかを主な問題としている」

　パースはこれを効用理論の問題として提示した。エアリーが考察した異なる標準偏差をもつ混合系（本質的には分散成分モデル）の2つの実験を考えよう。どちらも不可欠な情報が提供されているときに、どのように努力を最適化すれば良いのだろうか。重力を測定する可逆振り子実験という特定の場合では、おもりが上にあるときの実験と下にあるときの実験にどのように時間を割り当てれば良いのだろうか。これは最適化問題である。最適化における基準は、明確であって観測値に相関がある場合の情報の利得の測定である。パースはその実験がそれぞれのおもりの位置において同じ時間行われるべきであり、さらには実験の時間を「支点と重心の距離に比例」させるべきであることを見いだし、かれはつぎの警告と共に小論文を結んでいる。「ここで与えられた理論は実験の目的が真実の確認であるという仮説にもとづいていることに注目すべきである。調査が個人の名誉を得るためであれば、問題の経済学は完全

に異なる。しかし、これはこういった研究に従事する人によって十分によく理解されているようである」。おそらく、この皮肉な批評の対象者は、この記述が自分を指していることに気が付くことだろう。

　ともあれ、データに含まれる情報は測定でき、ある状況のもとで正確性を得る方法を用いれば、正確性はデータの量と関連があるという考えは 1900 年までにはっきりと確立されていた。そこには何の難しい問題もなかったと想像するべきではない。最初の 20 個の観測値とそれに続く 20 個の観測値が少なくとも同じ価値があると信じている多くの人びとがいることは確実と思われるからだ。しかし、ずっと極端で興味深い反対方向へ向かう主張が存在していた。それは、観測値が 2 個あるときに、それらの平均を計算するよりも 1 つを捨てるほうがより良い場合がある、という主張であった。そして、さらに悪いことに、その議論は正しかったのだ。

　1878 年にプリンストン・レビューに出版された論文のなかで、オックスフォード大学の論理学者ジョン・ベンはこのような場合を想像した。ある船の船長が敵の要塞を攻略しようと計画していた。そこで 2 人のスパイを要塞に潜入させ、そこの大砲の口径について報告させた。これにより要塞を占領後、奪還を防ぐために用意すべき弾丸の正確な大きさを知ることができる。1 人のスパイは、口径が 8 インチであると報告し、もう 1 人は 9 インチと報告した。船長は 8.5 インチの弾丸という結論に達するべきであろうか？　もちろんそうではない。大砲の口径はきりの良い数値になっているので、8.5 インチではどちらの場合も役には立たない。平均をとって確実に失敗するよりは硬貨を投げて 8 インチか 9 インチに決めるほうがずっとましだ。

　問題は、本章の他の例すべての背後にある標準的な分析では、正確性

の適切な尺度は二乗平均平方根誤差、またはその代替推定量の標準偏差であるという暗黙の仮定があることである。もし観測値が目標値を中心とした正規分布にしたがっているのであれば、あらゆる正確性の合理的な測定は同一になり、二乗平均平方根誤差と一致する。しかし、ベンの例はこの形ではない。ベンの場合には、近くにあればその価値は非常に高く、推定値がその狭い幅を超えてしまうとそれ以上の罰則の増加はない。ベンにとっての適切な尺度は、推定値が目標値の小さい値 ε 以内にある確率である。ベンにとって、大砲の口径 C を推定するための推定量 E の選択は $\text{Prob}\{|E-C|\leq\varepsilon\}$ を最大化することである。フランシス・エッジワースはこの議論に同意し、1883年の小論文にはベンの個別の例以外にも「無作為に選ばれた1つの観測値を投げ捨てる」解が平均をとるよりも優れている場合がある、と示している。エッジワースは、その逆説を明らかにする誤差分布の例を示した。これにはあらゆる積率が有限で単峰な連続分布も含まれていた。それらは最頻値で通常よりも尖った形をしているが、その程度は許容範囲内にある。情報を測定する際には明らかに研究目標に注意を払う必要がある。

20世紀には、n の平方根規則が成り立たない可能性が高い場合が注目されるようになった。1つは時系列モデルである。系列相関は有効な標本数をプロットされた点の数よりかなり少なくするので、そのことに分析者が気付かなければ、明らかだと思ってしまうようなパターンが形成されることで、かれはだまされる可能性がある。この効果によって、周期の数に限りがある研究では、非周期的な構造であっても周期性があらわれる可能性があり、周期性の発見があったという誤った判断に導かれてしまう。1980年代に、2人の有名な地球物理学者は、地球上の小海洋生命が絶滅する割合には2600万年の周期があるいう証拠を発見した

と主張した。もしこれが事実なら、このことは何らかの地球圏外に原因があることの証拠となるであろうし、現在はみることができない2600万年ごとに放射能の雨を降らせる伴星が太陽系に存在するという1つの仮説にもなってしまう。

　これはタイム誌の表紙を含めて熱狂的な関心を引き起こし、熱心な科学者は別の科学的な証拠を探し求めた。「尋ねよ、さらば見出さん」が道しるべのないデータ分析にはうまく働き、地球の磁界の反転に似たような期間やその他の疑わしい周期性があると主張する論文が書かれた。結局は、絶滅率の発見の最初の信号はほんの少しだけ周期的であったが、通過するデス・スターではなくデータの不適切な処理によるものであった。データは過去2億5000万年におよぶ注目に値する事象の地質学上の年代に合わせられていた。その期間の半分では注目に値する事象はうまく決定されたが、その年代は不確実であった。年表の著者は1億2500万年の期間を20個の平均年数がそれぞれ6.25百万年の部分期間に分ける必要があった。しかし、6.25の小数点以下をそのままに（625万年と）すると、（年代推定の）正確性を誇張することになるので、この1億2500万年は百万年単位で6, 6, 6, 7, 6, 6, 6, 7, 6, 6, 6, 7, 6, 6, 6, 7, 6, 6, 6, 7（百万年）という長さの部分に分割された。そこで、この人工的な周期性は、分析に周期を出現させ、これが熱狂の第一の原因となった。

　たとえすべての観測が正確性では同等でも最後の10個の観測値は最初の10個ほどには価値がないという情報の蓄積の逆説は、統計学でも科学でも『情報』という用語の異なる、そしてある程度誤解を招く使い方によって強調されてきた。1つの例は統計理論における『フィッシャー情報量』である。パラメトリックな推定問題でもっとも単純な形をとる、フィッシャーの情報量 $I(\theta)$ は、スコア関数の平方の期待値で、

データの確率密度関数の対数を微分して定義される。それはすなわち $I(\theta) = E\,[d \log f(X_1, X_2, ..., X_n; \theta)\,/d\theta]^2$ である[4]。これは素晴らしい統計学的構造であり、その逆数は、広く受け入れられる条件のもとで、人びとが知りたい最良な推定量の分散を与えてくれる。したがって、これがそのような状況のもとで集計によって何が達成されるかについての基準となる。しかし、情報の蓄積を評価するという観点からは、これは2乗単位の尺度という不適切な単位で表現されているので誤解を招く可能性がある。これは加法的測度であり、同じ長さのデータは情報の量も等しいということになる。その平方をとりさえすれば、フィッシャー情報量は n の平方根規則と整合性がとれる。

もう1つの情報の加法的測度は1940年代にクラウド・シャノンによって導入された。シャノンは全く異なる問い、すなわちコード化と信号処理の問題を取り上げた。伝達される信号には制限がなく、伝達時には同等な情報としてコード化される。そのためにかれは測度は加算可能であるということは公理であるとみなした。統計学者が考える自然科学と人文科学の問題では、データ集合の大きさの線形関数でない尺度についてのみ加法性が成り立つ。

情報の蓄積を統計学的に評価するのはかなり複雑な仕事である。しかし、相関関係と科学的目的に注意と緊張感をもちながらの、データに含まれる情報の測定、つまり、異なるデータ集合間の比較情報とデータの増加にともなう情報の増加率の測定は、統計学の柱となったのである。

---

[4] 直観的には、データの確率が θ と共に急激に変化するのであれば、その微分は大きくなる傾向があり、この確率が θ に影響を受けやすければ、それだけデータは多くの情報を与える。

第3章
尤 度

確率尺度のキャリブレーション

　文脈や背景の与えられていない測定値は単なる数でしかない。意味のない数である。背景は尺度を与え、キャリブレーションを助け、そして比較を可能にする。もちろん、われわれは背景の与えられていない数値をいつも見ている。例えば、タブロイド紙の共通の特徴は、いわゆる「数字によると」に続いて、いくつかの例が紹介され、読者を驚かせたり、楽しませたりしている。良識ある雑誌サイエンスでさえも、この道具を用いている。1つの例（2011年8月5日）を挙げてみよう。

　42,000　PLoS ONE の研究による世界の子供のセリアック病による
　　　　　死亡数

　一見したところ、これは問題のある統計値である。どの程度の期間なのか？　1週間か、1年か、10年か？　これは大きな数なのか、それとも小さな数なのか？　なんといっても、世界の人口は約70億人で、その内の約20億人が子供である。世界の子供たちの他の死因はなにで、この数値の位置はどの辺なのだろうか？　流行は他の国でも同じなのだろうか？　そして、42,000は極端にまるめた数値である。それは疑いなく正確に数えた数ではない。起こり得る誤差はどの程度だろうか？　10%だろうか、50%だろうか？　それとも100%だろうか？　PLoS ONE の調査はいくつかの答えといくつかの困った情報を与えてくれる。

この数は年間の数値であるが、それはとりわけ診断未確定の患者数の推定を試みる数学モデルをもとにしているに過ぎない。そしてこの論文は42,000人の死亡についてではなく「42,000人が死亡する可能性」について述べている。これは全く異なる問題だ。この数値はデータにもとづいてはいない。事実、*PLoS ONE* の論文は「グローバル規模の疫学データの深刻な不足」を指摘している。それはモデルの条件を変えたときの値の幅（プラスまたはマイナス15%）について議論していて、モデル自体が間違っていた場合の値の幅については何も言及していない。論文は自らのモデルを「相対的に分析が粗雑である」と表現している。*PLoS ONE* は背景を示しているが、サイエンス誌はそうではないため、はなはだしい誤解を引き起こしている。

　測定は比較をして初めて有効になる。背景は比較の土台を提供し、それらは基準値、ベンチマーク、または相互比較のための一連の測定などであろう。測定温度がその地域の情報や過去の経験と関連付けられるときのように、基準値は常識をもとに暗黙のうちに了承されることもある。しかし、ときとして例えば、セリアック病による子供の死亡というような場合には、そのような一般的な知識はない。どのような場合にも、科学では、実現値、明確な出所、差の大きさを判断できる測定の尺度など多いほうが良い。差は明確であろうか？　それとも重要ではないのだろうか？

　物理的測定が繰り返された初期の例はすでに第2章で議論した造幣局の硬貨検査である。その審査において、紀元1100年ごろの初期では、重さの基準値は契約書、契約上の基準値であった。金属の美しさの基準は審査プレートで与えられた。特にこの目的で使われたサンプルはロンドン塔に保存されている。貨幣検査函審査は「公差」という差を評価す

るための尺度をもっていた。「公差」は今の言い方では許容水準を与える。それは交渉で得られたものであり、データから、または貨幣の鋳造過程の変動性の評価から何らかの秩序だった方法によって導き出されたという形跡はない。そしてすでに指摘されたように、適用された方法には不備があった。

アーバスノットと有意検定

　近代統計学では、少なくとも差の評価の一部として、しばしば統計的検定という形で確率測度を用いていて、その起源は何世紀も前にまでさかのぼる。検定の構造は一見したところ単純で分かりやすい問題に見える。手持ちのデータは理論や仮説を支持するのだろうか、それとも仮説に相反するのだろうか？　尤度の概念がこの質問に答える鍵である。そして、それは統計的検定の構造と密接に関係している。検定によって扱われる問題の答えは、異なる仮説のもとでデータが発生する確率を比較することで得られる。初期の例では、ただ1つの確率しか計算されず、この比較は明示されていなかった。

　ジョン・アーバスノットは刺激的な作家として知られていて、1723年に出版した『法は底なし沼』という題の風刺にジョン・ブルという英国の原型的な人物像を登場させた。アーバスノットはジョナサン・スウィフトとアレキサンダー・ポープの親友であった。ポープはかれの友人に宛てた手紙として「アーバスノット博士への手紙」という有名な風刺を書いた。そのなかで、ジョセフ・アディソンを批判する一方で、「気のない慰め方をする」という表現を初めて使った。アーバスノットは数学と医薬の教育を受け（1705年から1714年まで、アン王女の侍医として

働いていた)、また数学者として2つの重要な貢献をした。最初は1692年の確率に関する小冊子の出版である。多くの部分は1657年に出版されたクリスチャン・ホイヘンスによるラテン語で書かれた小冊子の翻訳であった。これはこの分野では最初に英語で出版された書物の1つである。2番目は1710年にロンドン王立協会で口頭発表された短い覚書であり、その後に協会の論文誌に掲載された。それは「両性の誕生数に見られる一定の規則性から引き出される神の摂理についての証明」と題されている。有意性検定の初期の例としてこの覚書はしばしば取り上げられる。

男（M）と女（F）の観測数の差は偶然によるものではないので、神の摂理による効果でなければならないというアーバスノットの議論は2つの部分から成り立っている。その最初の部分は、もし男女の性が公平なコイン投げのように割り当てられているとしても、まったく同数の均衡がはなはだしく起こりそうにないことを数学的に示すことである。かれは2人で男女の比率が同じになる確率を計算した。すなわち、2人がMFまたはFMである確率は、$(1/4+1/4=)1/2$である。6人の間では$(20/64=)0.3125$、そして10人では$(63/256<)1/4$、そして対数を用いると、非常に多くの人びとについてこの方法を適用でき、それは当然であるが非常に小さな値になる。これらすべては正しく、$2n$回の公平なコイン投げで表と裏が出る数が正確に同じになる確率は表にあるように近似的に$c/\sqrt{n}$（ここで$c=\sqrt{2/\pi}=0.8$）である。

精度は不正確であるが、アーバスノットはまったく同数の均衡からおおよその均衡に定義を広げたとしてもその確率は小さいままであると主張した。その場合には、「おおよその」が何を意味しているかという問題が重要である。計算をするには数学が必要であるが、それは数年先の

トスの数	まったく同数の均衡の確率
2	0.50
6	0.31
10	0.25
100	0.08
1,000	0.025
10,000	0.008

ことであった。しかし、いずれにしても、かれが歴史にその名を残したのはこのつぎの議論が原因だった。

アーバスノットは82年間にわたる死亡統計表（図3.1参照）から男子の出生数が女子を上回る超過であることについて調査した。このような結果は2^{82}回に1回の割合で起こる可能性があり、その確率1/4,836,000,000,000,000,000,000,000はあまりにも小さすぎて、受け入れることができない。

ここで、「確率分布」すなわち、性別がそれぞれ同じ1/2の確率で独立に割り振られることと、神の摂理の働きが比較されている。神の摂理という仮説は、これらのデータにおいて男の数が女の数よりも多いという結果に高い確率を与える。なぜかというと、それは「外の世界で事故に遭遇する男（危険を冒して食料を探す必要がある）」、「その賢明なる創造者の処置により、女より男をほぼ一定の割合で多く生み出している、先見の明ある自然」という見方による。アーバスノットはこの神の摂理という選択肢の計算はしていない。

同様にダニエル・ベルヌーイは1735年に出版発表した入選論文のな

	Christened.			Christened.	
Anno.	Males.	Females.	Anno.	Males.	Females.
1629	5218	4683	1648	3363	3181
30	4858	4457	49	3079	2746
31	4422	4102	50	2890	2722
32	4994	4590	51	3231	2840
33	5158	4839	52	3220	2908
34	5035	4820	53	3196	2959
35	5106	4928	54	3441	3179
36	4917	4605	55	3655	3349
37	4703	4457	56	3668	3382
38	5359	4952	57	3396	3289
39	5366	4784	58	3157	3013
40	5518	5332	59	3209	2781
41	5470	5200	60	3724	3247
42	5460	4910	61	4748	4107
43	4793	4617	62	5216	4803
44	4107	3997	63	5411	4881
45	4047	3919	64	6041	5681
46	3768	3395	65	5114	4858
47	3796	3536	66	4678	4319

	Christened.			Christened.	
Anno.	Males.	Females.	Anno.	Males.	Females.
1667	5616	5322	1689	7604	7167
68	6073	5560	90	7909	7302
69	6506	5829	91	7662	7392
70	6278	5719	92	7602	7316
71	6449	6061	93	7676	7483
72	6443	6120	94	6985	6647
73	6073	5822	95	7263	6713
74	6113	5738	96	7632	7229
75	6058	5717	97	8062	7767
76	6552	5847	98	8426	7626
77	6423	6203	99	7911	7452
78	6568	6033	1700	7578	7061
79	6247	6041	1701	8102	7514
80	6548	6299	1702	8031	7656
81	6822	6533	1703	7765	7683
82	6909	6744	1704	6113	5738
83	7577	7158	1705	8366	7779
84	7575	7127	1706	7952	7417
85	7484	7246	1707	8379	7687
86	7575	7119	1708	8239	7623
87	7737	7214	1709	7840	7380
88	7487	7101	1710	7640	7288

図 3.1 アーバスノットのデータ(上と下)(アーバスノット 1710)

かで、5つの他の既知の惑星の軌道面が地球のそれと非常に近いという驚きについて考察している。6つの軌道面の状況は完全に同じではないが、わずかな範囲の角度に納まっている。それらの軌道面の傾斜はすべてが互いに6度54分の範囲内にある。ベルヌーイはこの一致度合いはあまりにも起こりそうにないので一様分布（ランダム）の仮説のもとでは受け入れられないと判断した。かれの計算の一つでは、90度を13等分した結果が約6度54分であることから、地球の軌道を含む6度54分の間隔に残りの5つが傾斜している確率は $(1/13)^5 = 1/371{,}293$ であると判断した。ベルヌーイにとっては、これはすべての軌道面を含む最小の角度内にこれらすべての軌道面が入る確率である。

　アーバスノットもベルヌーイもともに、データに確率という尺度を適用し、本質的に後にロナルド・A・フィッシャーが論理和として明確に表現した原則を用いた。「論理的にそのような結論を支える力は、"非常にまれな事象が生じたか、あるいは確率分布の理論が正しくないのかのどちらかである"、という単純な命題の力である」。もしこの観測データが確率分布の結果でないのであれば、別の規則がなくてはならない。アーバスノットとベルヌーイの双方の場合において、尤もらしさ（尤度）を比較することが深く関わりあっている。「偶然」の仮説のもとで得られる確率よりもずっと高い確率で観測データを生み出す可能性がある少なくとも1つの他の仮説（神の摂理かニュートン力学）が考えられなければならない。

　比較の問題が単純で、2つのはっきりと異なる可能性が存在すれば、答えも同様に単純である。一方の確率を計算し、そして、それが非常に小さかったなら、もう一方であると結論付けられる。一見して、アーバスノットとベルヌーイの問題はこの類に属するように見える。しかし、

それでも困難が待ち受けている。アーバスノットの最初の議論では、完全に同じである必要はなく、おおよそでもよいときに問題が生じる。どれくらい近ければ良いのだろうか？　そこでかれは他方に結論を下せる1つの確率を計算できる82年間の男子の出生率が女子を上回ったロンドンの出生データに立ち戻った。アーバスノットの計算は、現代の検定という面もあるが、利用できる82年間のすべての年で男子の出生が女子を上回るという極端な場合のみを扱っている。もし82年間で81年間だけ男子が女子を上回るのであれば、何をすべきだろうか？　偶然の仮説のもとで、82年間でちょうど81年間は男子が女子を上回る確率をかれは見つけられるだろうか？　あるいは（現在の検定はこれをする傾向にあるが）82年間のうち少なくとも81年間は男子が女子を上回る確率はどうだろうか。これらの確率のどちらも非常に小さな値であるが、82年間のうちの60年であるとか、48年という中間の場合はどうであろうか？　この場合は手法が異なればまったく違う答えが出る可能性がある。かれが何をしたであろうかは分からない。

　この問題はデータが連続（または近似として連続）していれば、深刻になる。その結果、もっとも妥当な仮説のもとですべてのデータの確率は極端に小さくなる。ある母集団において、出生時の個人の男女の比率がおおよそ同じで、それぞれの性は独立に決まっているとすると、1,000,000件の出生について可能性のある男子の出生数のそれぞれの確率は1/1000を超えることはない。これは男女の数が正確に同じであるとデータが示していても、自然の偶然による均衡の仮説を棄却することを意味しているのであろうか？　明らかに単独の確率はすべての疑問に答えてはくれない。確率それ自体は測度であり、比較の基準が必要である。そして、許容可能な仮説にはある制限が必要である。さもないと「そ

のデータが前もって定められている」ような自己充足型の仮説がどんなデータについても確率１が与えられてしまう。

ヒューム、プライス、そしてベイズ帰納法

すべての尤度の議論が明示的に数値として表現できるわけではない。キリスト教神学の基本原理のいくつかに反するデイビット・ヒュームの議論は有名な例である。1748年、ヒュームは「奇跡について（Of Miracles）」という論文を発表した。かれはこの論文をずいぶん以前に書き上げていたが、議論を引き起こすとして公表を差し控えてきた。かれは、キリストの復活の典型的な例として報告されている奇跡は信用できないという議論を展開した。ヒュームに言わせれば、奇跡は「自然の法則への侵犯」であって、それゆえにほとんど起こり得ないのであった。実際、奇跡の報告が不正確であり、報告者が嘘をついているか、単純に誤解をしているという確率の方が奇跡が起こる確率よりも疑いもなく大きいので、奇跡は起こりそうもないとした。

論争を巻き起こすのではないかというヒュームの予想は正しかったが、数学的な１つの反応を予期してはいなかっただろう。まさしくこのとき、そしてたぶんヒュームへの反応として、トーマス・ベイズはかれの有名な論文の重要な部分を書いていた。リチャード・プライスは1764年初めの出版の過程でベイズの論文を読んで、自分の目標がヒュームの論文に答えることだと考えたことはどうあっても疑いの余地はない。プライスがもくろんだ（そしてまず確実にベイズの意図もそこにあった）ベイズの論文のタイトル「帰納法によるすべての結論の正確な確率を計算する方法（A Method of Calculating the Exact Probability of All

図 3.2　リチャード・プライスにより選ばれたタイトルページ。ベイズの小論文の抜き刷り（ワトソン 2013）

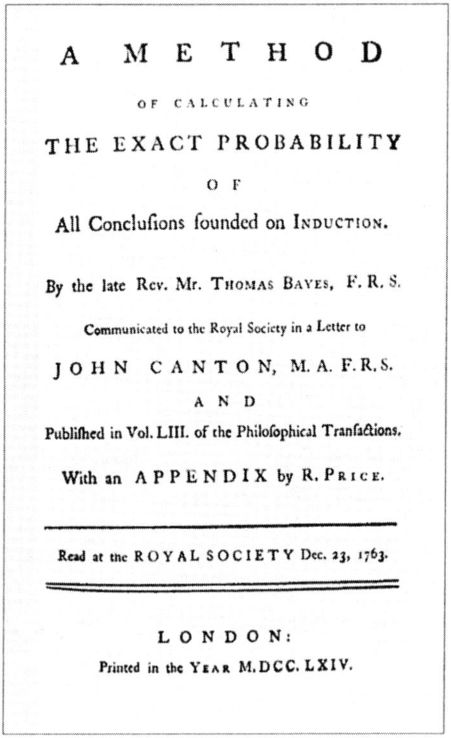

A METHOD

OF CALCULATING

THE EXACT PROBABILITY

OF

All Concluſions founded on INDUCTION.

By the late Rev. Mr. THOMAS BAYES, F. R. S.

Communicated to the Royal Society in a Letter to

JOHN CANTON, M. A. F. R. S.

AND

Publiſhed in Vol. LIII. of the Philoſophical Tranſactions.

With an APPENDIX by R. PRICE.

Read at the ROYAL SOCIETY Dec. 23, 1763.

LONDON:

Printed in the YEAR M.DCC.LXIV.

Conclusions Founded on Induction)」（図 3.2 参照）は最近になって注目された。このタイトルは本文で完全に証明できているか危ぶまれるほどに大胆であった。この論文はつぎの質問に対する数学的な答えである。ある事象が発生する確率 p が未知で、そして n 回の独立した試行のうち x 回この事象が起きたとき、p のすべての値が同じように尤もらしいという事前確率を仮定して、p の事後確率分布を求めよ。これは最初に登

場したベイズ定理の特別な例であり、そしてつぎにプライスの重要な著作が出版されたとき、ヒュームは予期したとおりの標的になった。

1767 年、リチャード・プライスの本『四論集』が出版された。その一部で、より刺激的なタイトルのもとでベイズの論文を率直に引用して、ヒュームに直接的な批判を加えていた。自然法則とみられるものが成立しない事態は、ヒュームが議論しているほどではないことを示す、プライスのベイズ理論を応用した[1]正確な計算がそれには含まれていた。ヒュームは奇跡の存在の証明はもっぱら経験によると主張していたのだから、奇跡の擁護にも同様な基盤が必要である。プライスの議論はつぎのようなものである。自然の法則を支持する証明は、同じ事象[2]が例外なく立て続けに 1,000,000 回起こることであると仮定しよう。この問題を、$n = 1,000,000$ のベルヌーイ試行を用いて、奇跡的な例外の数が $X = 0$ であったとして考えてみよう。これは、「$P = $ つぎの試行で奇跡が起こる確率」がゼロであることを意味するのであろうか？　それはノーである。この場合について、プライスはベイズの理論を用いて、奇跡の可能性が $1/1,600,000$ よりも大きい条件付き確率を計算した。それは $\text{Prob}\{p > 1/1,600,000 | X=0\} = 0.5353$ であり、50％の可能性よりも高かった。確かに $1/1,600,000$ は非常に小さいが、まったく不可能な点からは程遠い。反対に 1 回の試行で奇跡の起こる可能性が $1/1,600,000$ だとしても、プライスはつぎの 1,000,000 回の試行で少なくとも 1 回の奇跡が起こる可能性、すなわち

$$1.0 - (1,599,999/1,600,000)^{1,000,000} = 0.465$$

---

(1) 論文発表の後、最初の適用。
(2) 例えば潮の干満、毎日の日の出。

はだいたい半分であることを発見した。奇跡の確率はヒュームの推定よりもかなり大きかった。

　ベイズの論文は出版から約半世紀にわたり注目されなかった。論文誌に掲載されたタイトル[3]が興味をそそるものではなかったからであるが、大胆なタイトルであったとしても、事後分布が推定をキャリブレートする重要な役割を演じる20世紀になるまで注目はされなかっただろう。この題材については第5章で再び取り上げよう。

ラプラスの実験

　19世紀を通して、一般にダニエル・ベルヌーイの計算の考え方にしたがう、いわゆる有意確率と呼ばれる特別な目的のための計算が非常に多く行われていた。それはデータを用いて、一連の値の限度を定義して、偶然であるという仮説のもとで、その確率を見いだすことであった。

　1872年にピエール・シモン・ラプラスは大気の太陰潮の観測値との関係で気圧測定の長期系列をパリの観測所で見ていて、$x = 0.031758$ となる効果を発見した。そしてかれは実際には効果が存在しない場合に観測されるものが（絶対値で）この値未満となる確率を計算したところ、それは 0.3617 となった。これは現在の両側 p-値 $1 - 0.3617 = 0.6383$ に相当するが、0.3617 はあまりにも小さすぎ（つまり、p-値は大きすぎ）、太陰潮の事実を支えることはできないと判断された。ラプラスはつぎのように書いた。

　　　もしこの確率［0.3617］が1に近ければ、x の値がもっぱら偶然の

---
[3]「確率論の問題を解く小論文（An Essay toward Solving a Problem in the Doctrine of Chances）」

不規則性によるのではなく、部分的であるにしても一定の原因の効果の大きな尤もらしさを示していて、その原因は大気に働く月の作用でしかありえない。しかし、この確率と1で表される確実性の間の無視できない差は、非常に多くの観測値が用いられたとしても、この作用の非常に低い尤もらしさを示している。したがって、パリで（この作用の）感知される程度では不確実であると考えられる。

ラプラスの解釈は時間の試練に耐えている。パリの太陰潮の効果は弱すぎて、そのときに入手できる観測値では検出することができなかった。対照的に、気圧の変化の季節効果（午前9時から午後3時までの気圧の変化の平均値）の証拠は発見できた。ここで、かれは現代の p- 値を用いて、季節効果が存在しない場合、かれが発見した以上の乖離が起きる可能性を 0.0000015815 と計算し、これはあまりにも小さすぎて、偶然によるとはいえないと述べている。

　1840年にジュール・ガバレット（Gavarret）は嫡出子出生の男女比を非嫡出子の比率と比べた。男児の出生の比率はそれぞれ 0.51697 と 0.50980 でその差は 0.00717 であった。出生数は大きく[4]、そしてかれはポアソンによるガイドラインにしたがい、この差を 0.00391 と比べた。この数値は現在では差の推定標準偏差の $2\sqrt{2} = 2.828$ 倍と表現される。それに相当する絶対偏差が起こる可能性は 0.0046 の確率である。観測された差はこのしきい値の2倍近くあるので、ガバレットはこの差が実験上のばらつきに起因する可能性よりも大きいと解釈した。もちろん、この検定はこの差が社会的、生物学的な要因のどちらによるかについては言及していない。そのことをかれには思い出してほしいと願っている。

---

(4) 1,817,572 の嫡出子と 140,566 の非嫡出子：図 3.3 参照。

1824-1825.

Enfants légitimes.

$m = 939641$ = le nombre de garçons.
$n = 877931$ = le nombre des filles.
$\mu = 1817572$ = le nombre des naissances.

D'où résulte que la chance moyenne de naissance d'un garçon en France dans l'état de mariage, est représentée par le rapport

$$\frac{m}{\mu} = \frac{939641}{1817572} = 0{,}51697$$

En poussant l'approximation jusqu'à la cinquième décimale.

Enfants illégitimes.

$m' = 71661$ = le nombre des garçons.
$n' = 68905$ = le nombre des filles.
$\mu' = 140566$ = le nombre des naissances.

D'où résulte que la chance moyenne de naissance d'un garçon en France hors l'état de mariage, est représentée par le rapport

$$\frac{m'}{\mu'} = \frac{71661}{140566} = 0{,}50980$$

En poussant l'approximation jusqu'à la cinquième décimale.

図 3.3　ガバレットの出生データ（ガバレット 1840, 274 頁）

1860 年にアメリカの天文学者サイモン・ニューカムは新しい観点から古い問題に取り組んだ。プレイアデス星団にあるような、5 等級の明るさをもつ 6 つの星が天球の 1 つの小さな四角（1 度の平方度）のなかに発見されたことは注目に値するのだろうか？　それとも天空にランダムに星が散らばっているとしてもそれは合理的な確率で起こると期待できるのだろか？　目で見ることができる星の明るさは、非常に薄暗いと感じる星を 6 等級に、そしてさらに明るい星を 5 つの等級に分類する尺度を用いて決定される。良い近似として、$N = 1{,}500$ の 5 等級かそれよりも明るい等級の星が知られていて、天球は 41,253 の平方度で構成されている。そうすると、1 つの無作為に選ばれた星が特定の平方度にある確率 p は 1/41,253 である。ニューカムの分析は星の分布を空間過程比

率、つまり平方度当たりの星の期待数が $\lambda = Np = 1,500/41,253 = 0.0363$ のポアソン過程としたことにその独自性がある。したがって、特定の平方度に s 個の星が見つかる確率は

$$e^{-\lambda}\lambda^s/s!$$

で $s = 6$ では 0.000000000003 である。これは 1 つの特定の平方度に関する値である。一方、プレイアデス星団は星の密度のもっとも高い平方度に注目して選択されているので、ニューカムはこれが適切な確率でないことを知っていた。そのために 41,253 の平方度のなかで 6 個の星が存在する平方度の期待数、すなわち、この小さな確率の 41,253 倍は 0.00000013 であって、これもほとんどないに等しいくらいに小さいことを発見した。実際に、かれはこれも正しい数字ではないことを知っていた。ほしいものといえば、多くの星を含むように平方度を小さな移動で調整してもよい場合の確率である。かれには計算できなかったが、その答えはそれほど大きくないと考えていた。6 つの星をもつそのような領域の期待数が 1 になるには 1 平方度から 27.5 平方度に目的とする空間を広げなければならないとかれは指摘している。

尤度の理論

　私が示してきた例においても高度化が見られるが、この期間はさらに秩序だった理論的発展の始まりでもあった。1700 年代の中頃、一部の人たちは観測値の組み合わせと分析の誤差を数学的な問題として表現しはじめた。トマス・シンプソン（1757：図 3.4 参照）、ヨハン・ハインリッ

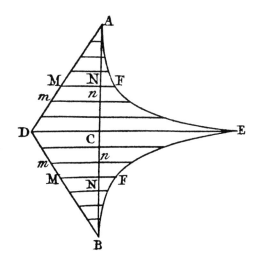

図 3.4 シンプソンの 1757 年の曲線（垂直線 AB の左の対称な三角形）。AB の右の曲線は 6 つの観測値の平均の密度を示すことを意図している。しかし、想像で書いているので正確ではない。（シンプソン 1757）

ヒ・ランベルト（1760；図 3.5 参照）、ジョゼフ＝ルイ・ラグランジュ（1769）、ダニエル・ベルヌーイ（1769, 1776；図 3.6 参照）、ピエール・シモン・ラプラス（1774 とその後；図 3.7 参照）、カール・フリードリヒ・ガウス（1809）を含むこれらの人びとの何人かは、分析の一部として左右対称で単峰（頂点を 1 つもつ）誤差曲線、または密度を描き、この曲線を念頭に置いて「尤もありえそうな」データの要約を選ぼうとした。

これらの初期の分析のいくつかが、いわゆる最尤推定値の先駆けである。これらの理論は次第に洗練された。ラプラスは事後期待誤差を最小化する事後中央値を好んだ。ガウスはこれに関する最初の仕事として一様に平らな事前分布をもつベイズの方法を取り、誤差が正規分布にしたがうときの「尤もありえそうな」答えを与える最小二乗法を導いた（確率をもたない最小二乗法はルジャンドルにより 4 年前に出版された）。しかし、20 世紀以前には尤度についての完全な理論は存在しなかった。

1920 年代にカール・ピアソンがいくつかの初期の研究の足場[5]を築

---

(5) 1900 年のピアソンの重大なカイ二乗検定の発表を含む。

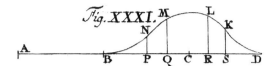

図3.5 ランベルトの1760年の曲線（ランベルト1760）

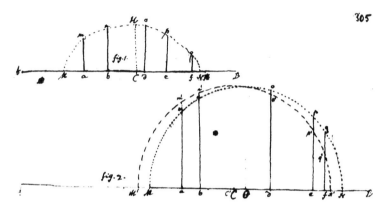

図3.6 ダニエル・ベルヌーイの1769年の曲線。曲線（かれの描いた図2）をもとにした重み付け関数による曲線（かれの描いた図1）

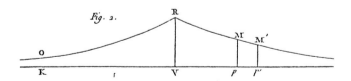

図3.7 ラプラスの1774年の曲線。2重指数密度（ラプラス1774）

いていたとき、フィッシャーは非常に大胆で、複雑な理論を発表した。科学的な目標を θ、そしてデータを X で表したとき（一方か両方が多次元でもよい）、フィッシャーは尤度関数 $L(\theta|X)$ を θ の関数として考えた観測データ X の確率（確率密度関数）と定義した。ここで X は観測によって確定するので、慣習にしたがってこの表記における X を隠して $L(\theta) = L(\theta|X)$ と書く。かれは $L(\theta)$ を最大化する θ を求めた。その値は、ある意味、可能な θ の値のなかで観測データ X の起きる可能性をもっとも高くする値である。そして、かれはこの選択を θ の最尤推定値と表現した。今までのところ、用語を除いては、かれはダニエル・ベルヌーイ、ランベルト、そしてガウスにしたがっている。しかし、フィッシャーは θ で微分し、またその微分式をゼロと置き、最大値がなめらかな最大値として得られたとき、精度（推定値の標準偏差）は、近似的に L が最大となる点の L の曲率（2次微分）であり、そしてその推定値はデータから得られるすべての関連情報を表現していて、他のいかなる一貫性のある推定法でもそれを改善することがほぼ不可能であると主張した。このように、それは理論的に最良の答えを見つける単純なプログラムであり、精度の完全な表現も容易に手に入るというすべての統計学者の待ち望んだ答えであった。

　フィッシャーのプログラムはかれが考えたほどには一般的に用いられることはなく、絶対確実でもなく、かれが最初に思ったほどは完全でもなかった。厳密な証明は難しく、いくつかの反例が示されている。これらの多くは極めて特殊な例で、真実ではあるが、応用する際の問題にはならない。この1つの例外はどうやら1937年にモーリス・バートレット、1938年にエイブラハム・ワルド[6]により別々に発見されたらしい。ネイ

---

(6) 同年これについてイェジ・ネイマンと文通により連絡を取っている。

マンはエリザベス・スコットと共に10年後にこれを単純化して発表していて、本質はつぎの通りである。データはn個の独立に正規分布する(X_i, Y_i)のペアーで構成され、XとYのそれぞれのペアーは同じ期待値μ_iをもつ独立な量である。しかしすべてのXとYは同じ分散σ^2をもっていると考える。そうすると推定すべき量は$n+1$個である。μ_iの最尤推定値はペアーの平均値$(X_i+Y_i)/2$である。そして、分散σ^2の最尤推定値は$\sum(X_i-Y_i)^2/4n$である。その期待値は$\sigma^2/2$であり、そうあるべき数値の半分である。問題は、これがそれぞれの2つの標本の分散の、n個のばらばらな推定値の平均であることにある。通常の場合には、標本数mの分散の最尤推定値はバイアスをもち、それは分散の$(m-1)/m$倍に等しい。この倍率はmが大きければ1に近づき、$m=2$では1/2になる。ここで、これをビッグデータの問題として考えてみよう。記録されたデータの数は観測対象の数とおおよそ等しい。全体の標本の情報は膨大な数の観測対象に広がっていて、仕事のすべてを実行できない。この例は、ビッグデータへの最尤推定の応用が問題となることを示しているが、希望もある。平均値に期待できる可能性があるだけではなく、分散の問題は簡単に補正できる（ちょうど2をかけることで）。しかし、高次の問題を扱うには注意が必要なことを示唆している。

　このような後退にもかかわらず、フィッシャーの問題はその世紀の残りの期間のほとんどにおける研究課題を設定しただけではない。かれが支持した尤度法、またはそれらに近い仲間たちは応用が可能な広範な分野に影響を及ぼしている。

　フィッシャーが対立仮説を明確に特定することなく、帰無仮説の検定として構成された有意検定を多く用いたのに対して、ネイマンとエゴン・ピアソンは、明確な尤度の比較と対立仮説の明確な導入にもとづく厳密

な仮説検定の理論を発展させた。フィッシャー、またはネイマンとピアソンのいずれであろうと、検定の考え方は疑いもなく非常に強い影響力を維持している。このことは検定が広くあちこちで使われたこと、場所によってはそれを非難することに払われた注意、あるいはその無批判な受け入れや5%水準の型どおりの使用など、少なくともいくつかの導入方法への非難に払われた注意によって証明されている。推論をキャリブレートする方法としての、そしてデータのばらつき（変動性）と観測値と理論値の間の差から得る信頼を統計的背景として位置づける尤度に関連する考え方は、近代統計学の大建造物の大部分を支える主要な柱となったのである。

第4章
相互比較

基準としての標本内変動

　第4の柱の相互比較は、データの内部にある変動の観点から厳密に統計的比較を行うという外部基準の参照も外部基準への依存もない考え方である。漠然とではあるがこの考え方をとらえた方法は結構古く、私の頭にある正確な記述はフランシス・ゴルトンの1875年の論文にみられる。この考え方の科学的な拡張は、ゴルトンの論文を基本原理として近代統計学の主要な柱を作るかたちで、フランシス・エッジワース、ウィリアム・シーリー・ゴセット、ロナルド・A・フィッシャーの研究により、それぞれ10年、33年、50年後に行われた。

　「相互比較による統計（Statistics by Intercomparison）」という1875年の論文でゴルトンはいくつかの好ましい特性をもつ比較方法を提起した。このなかで、比較をする際には「参照基準を作りだし、またその後に間接的に定義することができれば、一般的に受け入れられる言い回しでは、参照基準なしで済ますことができる。…［それらは］外部基準の助けなしに相互比較により完全に達成される」と述べている。この定義は後に発展する概念に適用されるが、しかしゴルトン自身の用途はパーセンタイル、特に（それだけではないが）中央値と2つの四分位の使用に限られていた。パーセンタイルは単にデータを順序づけするだけで決定でき、数を数えるよりも複雑な数学的計算を必要とせず、測定が記述的で、順序はつけられるが数値ではない場合にもよく役割を果たせる。確かに、ゴルトンが最初にパーセンタイルを用いたのは1869年の『遺

伝的天才』という本のなかだった。ここでかれは母集団のグループで素質を数値的な尺度を一切用いず順位付け、比較するためにいくつかの人名辞典を用いた。その本のすべてが今日高い評価を得ているわけではないが、しかし統計的方法は理にかなっていた。

ゴセットとフィッシャーの t

歴史を後から振り返れば、相互比較により多くの数学を用いることの最初のたねは1908年に思いもよらない人によってまかれた。1899年以来、ゴセットはダブリンのギネス社で化学者として雇われていた。かれはオックスフォードのニューカレッジで数学[1]と化学[2]を学び、すぐに統計がビール会社では役立つはずだと考えるようになった。1904-1905年にかれは、ユニバーシティ・カレッジ・ロンドンのカール・ピアソンの研究室の最新の研究をもとに、誤差理論と相関係数の使い方をまとめた一組の内部メモ[3]を書いた。最初のメモでゴセットはデータに p-値を添付しようという1つの意見を示した。「確率に言及する本がないという困難に私たちは遭遇している。確率はある結論を下すに十分であることを認めるのに便利であり、その問題をある数理物理学者に相談する際には私たちを補佐してくれる」。その物理学者はもちろんピアソンである。

ギネス社は、1906-1907年の2期にわたりゴセットに多くを学ばせるためにピアソンの研究室を訪問することを許し、休暇を与えた。そして、

---
[1] 1897年に数学の第1次全体共通試験でファースト・クラス・ディグリー。
[2] 1899年にファースト・クラス・ディグリー。
[3] 間違いなく社内向けの使用説明書。

第 4 章 相互比較

図 4.1 ステューデントの1908年論文の最初のページ（t 検定を提唱）。（ゴセット 1908）

> VOLUME VI　　MARCH, 1908　　No. 1
>
> # BIOMETRIKA.
>
> ## THE PROBABLE ERROR OF A MEAN.
>
> By STUDENT.
>
> *Introduction.*
>
> ANY experiment may be regarded as forming an individual of a "population" of experiments which might be performed under the same conditions. A series of experiments is a sample drawn from this population.
>
> Now any series of experiments is only of value in so far as it enables us to form a judgment as to the statistical constants of the population to which the experiments belong. In a great number of cases the question finally turns on the value of a mean, either directly, or as the mean difference between the two quantities.
>
> If the number of experiments be very large, we may have precise information as to the value of the mean, but if our sample be small, we have two sources of uncertainty:—(1) owing to the "error of random sampling" the mean of our series of experiments deviates more or less widely from the mean of the population, and (2) the sample is not sufficiently large to determine what is the law of distribution of individuals. It is usual, however, to assume a normal distribution, because, in a very large number of cases, this gives an approximation so close that a small sample will give no real information as to the manner in which the population deviates from normality: since some law of distribution must be assumed it is better to work with a curve whose area and ordinates are tabled, and whose properties are well known. This assumption is accordingly made in the present paper, so that its conclusions are not strictly applicable to populations known not to be normally distributed; yet it appears probable that the deviation from normality must be very extreme to lead to serious error. We are concerned here solely with the first of these two sources of uncertainty.
>
> The usual method of determining the probability that the mean of the population lies within a given distance of the mean of the sample, is to assume a normal distribution about the mean of the sample with a standard deviation equal to $s/\sqrt{n}$, where s is the standard deviation of the sample, and to use the tables of the probability integral.
>
> Biometrika VI　　　　　　　　　　　　　　　　　　　　　　　　　　　1

そこにいる間にかれは「平均の確率誤差」という論文を書き、その後に統計学者としての名声を得ている（図 4.1 参照）。

論文は 1908 年に「ステューデント」のペンネームでピアソンの学術雑誌バイオメトリカに掲載された。それは出版により企業活動を外部に知らしめてはならないという会社の方針に沿ったものだった。論文はビール会社における品質管理への応用の可能性について取り上げてはい

ない。そして、それは当時ピアソンのグループの平凡な作品であるとみなされていた。しかし、ただ1つの点を除いては確かにそうだった。1世紀にわたり科学者は天文学で数学的平均を繰り返し使用していた。そしてその正確さをデータが正規分布にしたがうときの誤差の中央値として定義される「確率誤差」すなわち p.e. で表現してきた。ピアソンは1893年にこれに代替する尺度として「標準偏差」、SD、またはσを導入した。それは p.e. に比例していて（$p.e. \approx 0.6745\sigma$）、そしてピアソンの用法はすぐに標準となった。標本数が大きければ、統計学者はσの値が得られていない限りにおいては、σを$\sqrt{\frac{1}{n}\sum(X_i-\overline{X})^2}$（またはガウスが好む$\sqrt{\frac{1}{n-1}\sum(X_i-\overline{X})^2}$）で置き換えることに抵抗はない。この論文におけるゴセットの目標は、標本数が大きくなく、これらの正確さの推定値自体の精度が限られているときに、この近似の不十分さに対して必要な許容幅がいくらであるかを理解することであった。特に、X_iが平均ゼロの正規分布にしたがうとき、$\overline{X}/\sigma$は平均ゼロ、標準偏差$1/\sqrt{n}$の正規分布にしたがうことをかれは知っていた。しかしσを$\sqrt{\frac{1}{n}\sum(X_i-\overline{X})^2}$で置き換えたときに何が起きるだろうか？ $z=\overline{X}/\sqrt{\frac{1}{n}\sum(X_i-\overline{X})^2}$の分布は何であろうか？ フィッシャーが後に尺度を$t=\sqrt{n-1}z$としたものが現在広く知られている1標本$t$統計量である。

　厳密な証明により支持されていないいくつかの卓越した推測とそれらの推測をもとにした理にかなった分析で、ゴセットは、現在いわゆる自由度$n-1$のステューデントのt分布と呼ばれる、結果的に正しい答えを導いた。数学的な幸運にも恵まれていた。標本平均と標本標準偏差の間の相関の欠如はそれらが独立していることを意味するとゴセットは暗黙のうちに思い込んだが、それは正規分布の場合には正しいが、その他

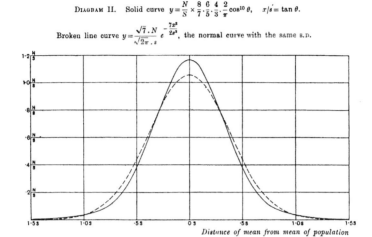

図 4.2　正規分布と t 分布（自由度 9）との密度関数を比較した 1908 年論文からの図（ゴセット 1908）

の場合には正しくなかった。図 4.2 は自由度 9 の z の分布（実線）を示していて、それを同じ標準偏差[4]の正規分布（破線）と比べている。一致は悪くないが、大きな偏差の部分では正規分布は「誤った安心感」を与えてしまうかもしれない、とかれは書き記している。

　大きな n ではかれの曲線は正規分布に近づいていく。ゴセットは表に $n = 4, 5, \ldots, 10$ の有意確率を加え、そしてその使い方の例をいくつか示した。カシューニ – ピーブルスのデータ（図 4.3 参照）はもっとも有名である。最後の列は左側の対の差であり、$z = 1.58 / 1.17 = 1.35$、すなわち平均の差はゼロから 1.35SD であることが分かった。ここから $t = \sqrt{n-1}$

[4]　この尺度では $1/\sqrt{7} = 0.378$。

```
SECTION IX.  Illustrations of Method.

Illustration I.  As an instance of the kind of use which may be made of the
tables, I take the following figures from a table by A. R. Cushny and A. R. Peebles
in the Journal of Physiology for 1904, showing the different effects of the optical
isomers of hyoscyamine hydrobromide in producing sleep.  The sleep of 10 patients
was measured without hypnotic and after treatment (1) with D. hyoscyamine
hydrobromide, (2) with L. hyoscyamine hydrobromide.  The average number of
hours' sleep gained by the use of the drug is tabulated below.

    The conclusion arrived at was that in the usual dose 2 was, but 1 was not, of
value as a soporific.

        Additional hours' sleep gained by the use of hyoscyamine hydrobromide.
        Patient      1 (Dextro-)     2 (Laevo-)     Difference (2-1)
          1.           + ·7            +1·9            +1·2
          2.           -1·6            + ·8            +2·4
          3.           - ·2            +1·1            +1·3
          4.           -1·2            + ·1            +1·3
          5.           -1              - ·1             0
          6.           +3·4            +4·4            +1·0
          7.           +3·7            +5·5            +1·8
          8.           + ·8            +1·6            + ·8
          9.            0              +4·6            +4·6
         10.           +2·0            +3·4            +1·4
                   Mean + ·75      Mean +2·33      Mean +1·58
                   S. D.   1·70    S. D.   1·90    S. D.   1·17
```

図 4.3　1908 年論文からのカシューニ - ピーブルスのデータ。1 列の「− 1」は「− 0.1」の誤り（ゴセット 1908）

(1.35) = 3 (1.35) = 4.05 となる。「表から確率は 0.9985 であり、2 のほうが良い睡眠剤であるオッズは 666 分の 1 である」。ステューデントの t 検定が生まれ落ちた瞬間であった。結論における正当な理由のないベイジアンという用語、データの出所の正しくない引用 [5]、薬の名前の取り違え [6]、そして不適切な分析 [7] といった間違いが分かっている。しかし、少なく

---
[5]　カシューニ - ピーブルスの論文の出版は 1904 年ではなく 1905 年。
[6]　列の名前を間違えている。かれがコピーしたデータは実際には睡眠薬に関するものではない。
[7]　事実、個々のデータは標本数がかなり異なる平均値であり、そのため分散がかなり異なる。そして共通の尺度の使用により相関が予想される。

とも数値分析は明確で正しく、その他の点については論理的で問題はない。

本章の目的にとって重要な点は標本標準偏差と標本平均の比較は外部基準なしで、つまり科学的分析の分野で一般に受け入れられていた真の標準偏差の基準やしきい値の基準がなくても行えることである。さらに重要な点は、この比率は σ をまったく必要としない分布をもち、そのために p-値のような、比率 t を含む確率の状態の記述もデータから内部的に作られている。もしその比率 t の分布が σ と共に変化するのであれば、t の証拠としての使用も σ にしたがって変える必要があるだろう。ステューデントの t による推論は純粋にデータの内部の分析である。相互比較の使用は、このような外部入力の必要性から解放されているために大きな力をもっている。この統計的有意性は科学的有意性を必ずしも反映してはいない、という批判にもさらされた。しかし、この種の批判は 1919 年には共通に認識され、今日でも減少していない。この差には、眠気を誘発する手段としての実践的な有意性が求められているのだろうか？　ゴセットはこの点に関して沈黙している。しかし、誤解を招く（状態の）記述の可能性は問題として残っている一方で、手元にあるデータに焦点を当てる能力から生まれる力には否定できない利点がある。

出版の後、ゴセットの論文はほとんど無視されていた。ジャーナルは著名であり、いくつかのサーベイが機械的にこの論文を参照していた。しかし 1920 年代以前の出版物にはこの検定を実際に使う人はいなかった。1914 年に出版された『統計学者と生物測定学者のための表』に、ピアソンはゴセットの検定と表を盛り込み、そして未訂正のカシューニ - ピーブルスのデータとベイジアンの結論を含む 1908 年の論文からの例を提示した。1925 年前にその使用の例があれば、たった 1 つでいい

から探そうとした私の試みは実らなかった。ダブリンにあるギネス社の資料室で午後を過ごし、1908年から1924年までの科学的なメモについて検索したが例をみつけることはできなかった。ゴセット自身も実際の仕事ではこの検定を無視したのだ。統計を用いた例はいくつかあり、差の平均がゼロから標準偏差のいくつ分かという観点から記述されていたが、実際面での t 検定はなく、論文の参照もなかった。

　それにもかかわらず、論文は多大な影響を与えた。それはこの結果に魔術をみた1人の読者が全力を注いだ結果である。フィッシャーは1912年のケンブリッジを卒業する時期にこの論文を読んだに違いない。かれは証明がないことに気付いたが、同時に多次元の幾何学を用いることで簡単で完全でそして厳密に証明できるということに気付き、その観点からこの問題を評価していた。かれはゴセットに手紙を送り[8]、証明を説明した。ゴセットはそれを理解できずにピアソンに送ったが、かれも理解できなかった。その手紙は失われ、そして多分返事も書かれなかったのだろう。1915年、フィッシャーはバイオメトリカに掲載された短い力作にその証明を含めた。また、その論文の中でそれよりもかなり複雑な統計量、相関係数 r を発見した。

　それでもまだ、ゴセットの検定には注目が集まらなかった。1920年代初めまで、フィッシャーはロザムステッド実験場で働いていて、そのときに σ への依存からステューデントの t 分布を解放した魔術をみたが、それは数学という学問の氷山の一角にすぎないとみていた。かれは2標本の t 検定を開発し、回帰係数の分布理論と分散分析の完全な一連の手続きを導出した。

　統計的実践についてのゴセットの研究の歴史的な衝撃は、1925年に

---

(8)　何とかして「ステューデント」の正体を知った。

出版されたフィッシャーの先駆的な教科書『研究者のための統計的方法（Statistical Methods for Research Workers）』へ収録されるまでさかのぼることができる。ゴセットの論文自体は良い考え方を提示したが、1標本検定の範囲に過ぎず、標本として対の差を用いた検定として以外にはほとんど役に立たない。フィッシャーはその考え方をつかみ、2つそしてそれ以上の標本に拡張し、そしてその方法の真の強力な有効性を明らかにした。フィッシャーの分散分析は真に変動の分析であり、以前だれもが考えなかった方法で変動をバラバラにしていた。いや待てよ、40年前にエッジワースは何か並外れたことをしでかしていた。

フランシス・エッジワースと分散の構成要素の2元分析

1880年代にエッジワースは尺度としての確率の使用を社会科学の分野へ拡張しはじめた。この結果の一部として統計表による分析の方法を開発した。それは後にフィッシャーが手掛ける部分の先駆けであった。1885年の9月にアバディーンで行われた英国科学推進協会（the British Association for the Advancement of Science）の会合において、エッジワースはかれの方法について2つの例を発表した。1つは故意に非現実的であり、もう1つは社会科学の観点からすぐに理解できるものであった。最初に、ウェルギリウスのアエネイス（図4.4参照）のある断片の強弱弱格[9]の数を表にした。2番目に、1883年の戸籍本庁の報告書（図4.5参照）の英国の6つの州における8年間の死亡率を題材にした。両方ともに、それぞれの行と列の合計と平均、そしてかれが名付けた「変動」、または現在経験分散と呼ばれるものの2倍、すなわち、しかるべき行と

---

[9] 長い音律の後に2つの短い音律が続く韻。

Æneid, XI, 1-75	Lines 1—5	6—10	11—15	16—20	21—25	26—30	31—35	36—40	41—45	46—50	51—55	56—60	61—65	66—70	17—75	Sums	Means	Fluctuations
First foot	3	3	5	5	4	4	2	2	2	1	2	4	3	2	4	46	3·06	2·8
Second ,,	1	4	0	3	3	3	5	2	2	4	3	1	2	3	2	38	2·5	3·2
Third ,,	1	2	4	2	5	2	1	2	2	2	0	2	2	0	1	28	1·86	3·1
Fourth ,,	2	2	1	0	3	1	2	0	2	1	1	2	1	1	0	19	1·26	1
Sums ..	7	11	10	10	15	10	10	6	8	8	6	9	8	6	7	131	8·68	10·0
Means ...	1·75	2·76	2·5	2·5	3·75	2·5	2·5	1·5	2	2	1·5	2·25	2	1·5	1·75	33	2·17	2·5 0·6
Fluctuations	1·5	2·5	9	7	3	3	5	2	0	3	3	2·5	1	3	2·5	208 48	9·0 3·2	

図 4.4　ウェルギリウスのアエネイスからのエッジワースの分析（1885）。いくつかの数値的誤りがこの図と図 4.5 にあるがスティグラー（1999）により修正されている。（エッジワース 1885）

	1876.	1877.	1878.	1879.	1880.	1881.	1882.	1883.	Sums	Means	Fluctuations
Berks.............	175	172	187	186	181	153	169	166	1,389	173½	224
Herts	174	165	185	184	176	186	163	188	1,401	175	176
Bucks	182	171	186	195	179	162	177	183	1,435	179½	172
Oxford	179	182	194	183	180	169	167	166	1,420	177½	162
Bedford	196	174	203	195	198	171	181	184	1,502	188¼	246
Cambridge	173	177	190	191	187	165	171	181	1,435	179½	158
Sums.............	1,079	1,041	1,145	1,134	1,101	986	1,028	1,068	8,582	1,073	1,138
Means	180	173½	191	189	183½	164	171	178	1,630	179	190 146
Fluctuations	124	55	77	50	107	68	73	152	—	246 88	—

図 4.5　エッジワースによる州の死亡率データの分析（1885）。（エッジワース 1885）

列に対して $2\sum(X_i - \bar{X})^2/n$ を計算した。

エッジワースの分析の根底には意味がある。双方において、データは直接（ウェルギリウス）、または 10,000 人あたりで数えた数（死亡率）で、当時ヴィルヘルム・レキシスにより開発された方法は 2 項変動（binomial variance）の基本的な型を分析のもとにする試みである。それを、エッジワースは「組み合わせ論（combinatorial）」と呼んでいた。エッジワースは明確にレキシスの方法を排除したかった。エッジワースの分析はデータの内部の変動だけを基礎にするべきであり、これはゴルトンの用語でいう**相互比較**である。レキシスの方法は 2 項変動を外部基準としている。単純な硬貨投げのモデルを基準として用いることへの誘惑は古くからある。アーバスノットと出生時の男女比率のデータを思い出してしまう。しかし、より複雑な状態ではその代償は大きくなる。1 回の試行の成功確率が p の n 回のベルヌーイ試行では、平均 np そして分散 $np(1-p)$ は強い関係をもっているが、すべてのデータがこの関係を反映しているわけではない。まさに、アーバスノットの出生データはそうであるまれな場合であり、それ以降のほとんどのデータは分析者が過大分散と呼ぶ、単純なベルヌーイ試行よりも大きな変動を示している。この大きな変動は試行の間に p が確率的に変動していることに起因している可能性が高い。エッジワースはレキシスの外部基準の拘束を回避したかったのだ。それを現代風に表現すると、データがベルヌーイ試行であろうとなかろうと、変動がおおよそ正規分布にしたがうのであれば、エッジワースはそれらを扱うことができるということだ。

エッジワースはわれわれが現在分散成分と呼ぶものを推定する 1 つの方法として分析を組み立てた。例えば、すべての死亡率をまとめて、全体の「変動」は 3 つの成分の合計 $C^2 + C_t^2 + C_p^2$ であると考えた。2 番目

の要素は時間（年）による変動、3番目は場所（州）による変動を表していて、最初の変動は時間と場所から独立した確率的な変動を表している。分析者が同じ州について年ごとの比率を比較したいときには、正確さを評価するために $C^2+C_t^2$ の推定値として行の変動の平均、つまり蓄積された行の変動（図4.5の190）を用いた。同じ年の州同士を比較するために、$C^2+C_p^2$ に関連する推定値（同じ図の88）を用いた。C^2 の確率的変動を推定するために、行の変動の平均から平均の行の変動を差し引いた差 190 − 146 = 44、または列の変動の平均から平均の列の変動を差し引いた差、すなわち 88 − 46 = 42 のどちらかをみることを考えた。かれは代数計算ではなく数値計算をしていたので、計算の誤差は別にして、これらは完全に等しく、どちらも $2SSE/IJ$ であることに気付かなかった。ここで I と J は、それぞれ行の数、列の数、SSE は加法モデルで近似した際の残差二乗和である。同様に、ウェルギリウスが異なる詩脚または異なる詩の断片で異なる韻律の頻度を用いる傾向がある証拠をかれは探すことができた。

　エッジワースの研究は、数値計算の間違いと代数的不器用さがあいまって何度も機会を逃していた。推定は分散分析の二乗和の単純な線形関数で、いくつかのかれの計算はフィッシャーが後に同様な分析で用いる F 統計量とおおまかに同じだと考えることができる。しかし、エッジワースはそれに付随する分布理論をもっていなかった。1920年代の中頃にフィッシャーがこの問題に取り組んだとき、完全な代数的構造と直交性を明確に理解し、多変量正規分布の数学的魔術を用い、そしてデータの内部の変動のみをもとにした独立した有意性検定をすることで、行と列の効果を統計的に分離し、それらの測定を可能にした。

　20世紀後半のコンピュータ利用の高まりは、コンピュータを駆使し

た方法の使用を活発にしたが、そのなかのいくつかは相互比較を用いているると考えられる。1950年代に、モーリス・クヌーイュ、そしてその後、ジョン・W・テューキーが、それぞれの観測値を1つずつ除去すると推定値がどの程度変動するかをみることで推定の標準誤差を推定する方法を開発した。テューキーはその過程をジャックナイフ法と命名した。これと関連して、何人かは交差検証（クロスバリデーション）と呼ばれる他の方法を提案した。ここでは手続きがデータの小集団に対して実行され、その結果が比較される。広く使用されているブートストラップと呼ばれる方法は1970年代の後半にブラッドリー・エフロンが提唱した。この方法では、データの集合は元データから標本をランダムに復元抽出することで得られ、そして興味の対象である統計量をそのたびに計算している。この「ブートストラップ標本」の変動は、統計モデルに頼ることなく統計量の変動の判断に使用される。これらすべての方法には変動を推定するための相互比較が含まれている。

相互比較のいくつかの落とし穴

データのなかの変動のみを用いて分析する方法には多くの落とし穴がある。パターンが現れやすく、そのパターンを説明する物語が続く。データの集合が大きければ大きいほど、多くの物語が登場する。ある物語は有用であり、示唆に富んでいる。しかし、多くはどちらでもなく、優秀な統計学者であっても何人かはこの差に気が付くことはない。

ウィリアム・スタンレー・ジェヴォンズは経済時系列からビジネスサイクルを最初に識別したのではない。またかれはビジネスサイクルと黒点活動の間に可能な連動を最初にみたのでもない。しかし、1870年代

後半に世間と専門家の冷笑に直面しても、かれのこの考え方への執着は、先任者たちを超えていた。そして追随する人たちに警鐘を鳴らした。

　サイクルの詳細な研究は天文学の歴史にいくつかの偉大な発見を導いた。しかし社会科学のサイクルは別の性質をもっている。ビジネスサイクルはまさに「周期的」であるが、ときとしてズレをともない、競馬結果の解説者には、いわゆる「永久に変わり続けるサイクル」と呼ばれた。1860年代と1870年代にはジェヴォンズは経済データのさまざまな系列を注意深く研究し、そして数少ない他の人たちがみる規則性は偽りのない現象であると実際に結論した。約10.5年に1度やってくる大きな商業恐慌により区切りをつけられる規則的なビジネスサイクルがある。かれは1700年代後半から1870年代までに公表されたさまざまな情報源からデータを得て、そして結局は1720年の南海バブルを含む記録にまでさかのぼった。かれが最初にデータをみて予測時点の近くに十分な大きさの危機を発見できなかったとき、厳密に記録を調べて、そしてしかるべき時期に起きているさほど重要とも思えない危機を見付け出している。しかし、その原因は何なのだろうか？

　それよりもずっと前に、ウイリアム・ハーシェルは黒点活動の大きな爆発の周期性はビジネスサイクルと関連する可能性があると示唆した。しかし、その示唆を追求した人びとは周期の不一致により断念せざるを得なくなった。黒点活動の周期は11.1年ごとに頂点に達した。または、そう信じられていた。そして、数十年後になって、その11.1年とビジネスサイクルの10.5年の周期の間の同期は着実にずれていった。しかし、1870年代の中頃、J・A・ブラウン（Broun）の研究が黒点活動の周期の長さを11.1年から10.45年に見直したとき、この点に関するジェヴォンズの興味は妄想に変わったのである。かれはさらに黒点活動の系列を

「改良」したのだ。系列にギャップがあるとき、熱心なジェヴォンズには受け入れられる小さな最大値が一般的には発見できてしまうのだ。

　なんらかの関係は否定できないようにみえた。そして、ジェヴォンズもデリーの穀物の価格の統計データにだいたい同じ長さの周期を発見したとき、実例が作られた。太陽活動の気象への影響は尤もらしく思える。そして、インドの例にあるようにその効果が顕著であれば、取引に影響がでることもあり得る。結局、1878年の英国の危機はグラスゴー・シティー銀行の破たんにより引き起こされ、破たんそのものはその当時のインドの飢饉による取引の低下に起因していた。この理論は危機の時間のずれを説明できるボーナスをもっていた。英国の危機は何年か後に、デリーの価格系列に追随したのだろう。図4.6は1882年の7月にネイチャーに掲載されたジェヴォンズの最後の論文から得たものである（かれは1882年の8月に46歳で事故で水死した）。それは黒点の系列（Wolf's numbers）とデリーの穀物の価格（corn）、そしてジェヴォンズが時期を決めた大きな商業恐慌を示していた。このふるい分け、データ検索、選別、再計算に気付かなければ、みた人すべてに説得力があるわけではなくても、その印象は目覚ましいものである。

　その当時、ジェヴォンズはあざけりに遭っていた。ロンドン統計学会の1879年の会合で「太陽が実際に適正な数の黒点を示すならば」ここ1、2年での経済の回復が予想できると述べたのである。そのときの聴衆は笑いを抑えることができなかった。その同じ年にこの学会のジャーナルに2つの短い匿名の記事が掲載された。1つは毎年恒例のボートレースで黒点活動の数がどれくらい多ければオックスフォードよりもケンブリッジに有利かというもので、もう1つは死亡率と木星の動きの間の関係を仮定していた。1863年にゴルトンは「時として隠したり、わずか

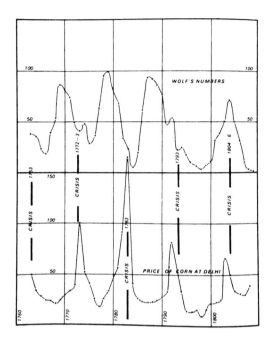

図4.6 ジェヴォンズのチャート。1882年からの黒点の活動と商業恐慌の関係を示している。(ジェヴォンズ1882)

に修正したりする権利を行使して、限られた数の観測値が先入観をもつものの手でどれだけ思い通りの形になるかをみることはまったくばかげている」と書いている。もちろん、全く良性の時系列であっても、人をあざむくようなパターンをみせることはできる。1926年に「なぜわれわれはときどき時系列の間に意味のない相関を得るのか？」という刺激的なタイトルの論文で、G・ウドニー・ユールは限られた時間間隔では単純な自己回帰系列が周期性を示す傾向がある様子を示した。かれはジェヴォンズの名を出さなかったが、親切心からであろう。

第5章　回 帰

多変量解析、ベイズ推定、因果推定

　チャールズ・ダーウィンは高等数学をほとんど使わなかった。旧友（かつはとこ）のウィリアム・ダーウィン・フォックスに宛てた1855年の手紙のなかでかれの見解を後にカール・ピアソンによって有名になるつぎの一文で総括している「私は実測値と三数法以外は何も信用していない」。1901年にピアソンはこれを新しいジャーナル『バイオメトリカ』の題辞に採用した。そして1925年の『優生学紀要（Annals of Eugenics）』の創刊の際には、これを各号の最初の頁に掲げた（図5.1参照）。ピアソンがダーウィンの論文に見いだすことができた数学による保証はほぼこれだけだった。

　確かにダーウィンが実測値を重視したことは正しかったが、三数法（比例則）への信頼は見当違いだった。ダーウィンが言及した三数法はユークリッドの第5巻を学んだ英国全土の生徒にはよく知られていた。これは $a/b = c/d$ であれば、a, b, c, d のうちのどれか3つが分かれば残り1つを決定するには十分である、という単なる数学的命題に過ぎない。しかし、ダーウィンとかれ以前の多くの人びとにとってもそうであったように（図5.2参照）これは推定の便利な道具[1]であった。1600年代にはジョン・グラントとウィリアム・ペティは、この比率を人口と経済活動を推定するために使っていた。1700年代と1800年代の初期にはピエール・シモン・ラプラスとアドルフ・ケトレも同様であった。

---

(1)　補外法、外挿法。

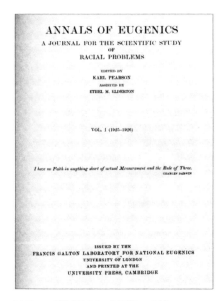

図 5.1　優生学紀要の創刊号の表紙

ダーウィンもかれ以前の誰もが、三数法が分析的な支柱としていかに弱いかを自覚していなかった。この法則は商取引における比例配分やユークリッドの数学的問題には有効である。しかし、変動や測定誤差をもつ科学的問題には適用できないし、そのような場合には、三数法は誤った答えを出してしまう。その結果は体系的な偏りをもち、誤差は極めて大きく、その誤差は他の方法で軽減できてしまう。この事実は、ダーウィンの没後3年目に発見されたが、それが第5の柱となる。発見者はダーウィンの従兄フランシス・ゴルトンであり、このとらえがたい現象の驚くべき発見は1885年9月10日、スコットランドのアバディーンにおける講演で発表された。かれはそれを「回帰」と名付けた。この基本概念は1885年以降の半世紀にわたる統計学の主要な分野の発展を可能にした。この発見の物語を明らかにしていくが、その詳細に移る前にユークリッドの問題に潜む間違い（誤用）は何か、これが何千年もの間で見過ごされてしまった原因について説明することも有用だろう。

　ゴルトンが考察した例の1つを取り上げてみよう。今日でも一般的な話題となる人類学上の問題である。人間の骨の一部、大腿骨が発見され、

第 5 章　回帰

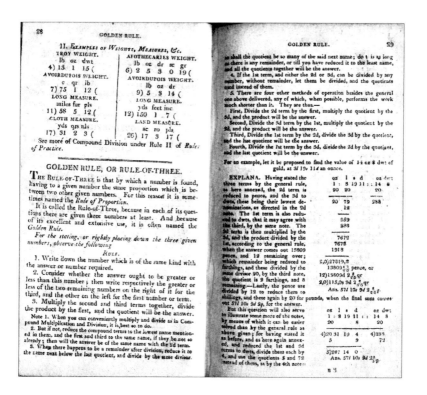

図 5.2　ダーウィンが出会ったかもしれない 1825 年の教科書の記述。応用例に注目してほしい。「一例として 1 オンスの金が 3 ポンド 19 シリング 11 ペンスであるとき、14 オンス 8 ペニーの価値を求めよ」。英国の測定単位は単純な推定（補外）を頁の多くを費やす問題に変えてしまう。（ハットン 1825 年頃）

その長さが T であるとき、人類学者がその人間の身長を知りたいとしよう。人類学者は比較可能ないくつかの完全な骨格をもっており、これらから (T_i, H_i) という組の集合と、それぞれの算術平均 m_T と m_H が計算できる。かれは、これら2つの平均、既知の T、そして $m_T / m_H = T / H$ という関係を用いて三数法から未知の H を推測しようとする。すべての T_i / H_i の比率が一定であるというこの関係が、ユークリッドの考察と同様に数学的に厳密であれば、この方法は有効である。しかしこの例ではすべての科学的に興味深い問題と同様に変化があり、ゴルトンが発見した回帰現象によって三数法の使用は不適切となる。極端な場合、T と H は変化し、この2つが無相関であるとき、H のもっとも良い推定値は T に無関係で、m_H である。T と H が完全に相関している場合にのみユークリッドの答えが正解となる。その中間の場合には中間的な解があり、奇妙なことに T から H を予測する際の関係と H から T を予測する際の関係は大きく異なり、どちらもユークリッドの方法とは一致していない。

ダーウィンからゴルトンの発見への道程

種の起源についてのダーウィンの理論は発表された1859年には未完成で、かれが死去した1882年においても未完成であった。すべての理論は不完全である。それらがさらに発展すればなすべきことが残っていたという意味で未完成で、その観点から、多くの派生的な理論が生まれる程、元の理論は不完全である。しかしダーウィンの理論はもっと基本的な点で不完全であった。論争の余地のある問題が残されていて、その点に多くの人びとが気付いていた。困難を引き起こす可能性があった。これはとらえにくい問題であり、その完全に正しい認識と明確な表現は、

第5章　回帰

ダーウィンの没後3年経ってゴルトンがその解答を発見することで初めてもたらされた。

　その問題はダーウィンの議論の基本的な構造にかかわっている。自然淘汰による進化を明らかにするためには、種のなかの遺伝的変異のしやすさが十分にあることが立証されなければならない。1組の親の子孫は遺伝する形において同じであってはならないのだ。さもないと世代間で変異が起こらなくなってしまう。『種の起源』の第1章はこれをもっとも説得力のある方法で、家畜・野生の両方の動植物の母集団について立証している。その際、ダーウィンは気付かないうちに1つの問題を抱えた。それは、理論における明らかな矛盾であった。

　みたところダーウィンの存命中にこの問題に気付いた読者は2人だけだった。1867年の書評を書いたエンジニアのフレミング・ジェンキンとその10年後のゴルトンである。ジェンキンの書評はこの問題の一部分を認識したものの、他の無関連な一連の問題を提示することに気をとられてこの部分から目をそらしてしまっている。一方、1877年にゴルトンはこの問題を完全に明確に表現し、重大な挑戦として提起した。ゴルトンの定式化は図で表現できる。ダーウィンは世代間で遺伝的変異が受け渡される状況を納得のいくように世間に認めさせていた（図5.3参照）。

　同一の親は異なった遺伝的形質をもつ子孫を生み出す。ゴルトンはこの問題を一般的に考えたが、この形質として身長（成人身長）を考えよう。この形質はゴルトンが広範囲にわたって研究したもので、女性の身長は既知の身長における性差を考慮して1.08倍される。親から子へと変異が増大するならば、何世代と続いていくとどうなるだろうか？　同様のことが繰り返されて世代を経るにしたがって変異は増大していくの

ではないだろうか（図 5.4 参照）？

　しかし世代を経たときの変異の増大は短期的には観察されない。種のなかで世代を経ても母集団の多様性はほとんど同じである（図 5.5 参照）。母集団の間のばらつきは短期的には安定している。まさにこの安定性こそが種の定義自体に不可欠である。

　野生においても家畜においても（積極的な品種改良がなければ）今年の作物は昨年、一昨年の作物と大きさと色についての多様性は同じである。どんな人類の母集団においても、食糧事情に顕著な変化がなければ、世代から世代へと引き継がれる変異の大きさは同じである。

　ゴルトンの視野にあるのは長期の種の進化ではない。ダーウィンが述べた理由によって重大な変化が発生してきたし、これからも発生するだろう。かれの心配は短期である。環境の急激な変化がなく、少なくとも均衡に近い状態を予測できる時間尺度において、ダーウィンの理論がもたらす結果について、そしてゴルトンのいわゆる「典型的な遺伝」についてさえ懸念を抱いていた。均衡に近い状態においてさえダーウィンが求め、かつ存在を証明しようとした変異のしやすさは、観察される短期の母集団の安定性とは相容れない。ダーウィンのモデルは、変異のしやすさの増加を妨げながら、遺伝的な世代間の変異と無矛盾なある力を発見できない限り機能しない。ゴルトンはこの力の発見に 10 年の歳月を費やし、事実上その成功がダーウィンの理論を救った。

　ゴルトンの解決は一連のアナログのモデルを用いて言葉で組み立てられているにもかかわらず、純粋に数学的である点が注目に値する。それ自体、初期の生物科学においては類がない。ウィリアム・ハーベイの血液循環の発見は算術計算にもとづいていたが、多分に実証的であった。往年の科学者の多く（例えばロレンツォ・ベリーニとアーチボルド・

図 5.3 　1 世代の子孫に生み出される変異

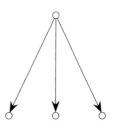

図 5.4 　3 世代を経た変異の拡大

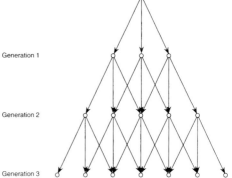

図 5.5 　母集団の多様性は 3 世代にわたって安定している

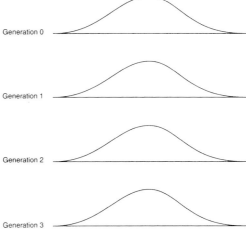

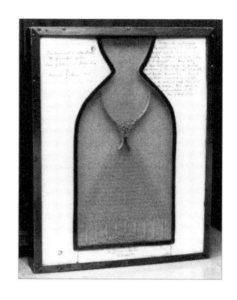

図 5.6 1873 年に作られ、1874 年の公開講義で使用されたオリジナルのクインカンクス。底に散らばってたまった玉が釣り鐘状の曲線を描いている。(スティグラー 1986a)

ピトケアン)が数理医学の創設を試みたが顕著な成功はなかった。ようするに、ゴルトンはメンデルの遺伝学の研究が再発見される 20 年近く前にその遺伝学の知識を借りることなく、メンデルの研究のある種の実用的な結論を証明したのだ。

ゴルトンは 1873 年クインカンクス(quincunx, 豆の機械)という機械と共に研究をはじめた。この機械は世代間の変異を表現するために考案され、くぎが隙間を開けて横に並び、球の方向を修正するように、その隙間の下に同様にくぎが並び球がその間を落ちていくように作られている。それぞれのくぎにあたると玉は左右に偶然に任せて方向を変え、底にあるいくつかの仕切りの 1 つに入って止まった(図 5.6 参照)。

1877 年にゴルトンはこの考えを拡張してこの変異のしやすさが各世

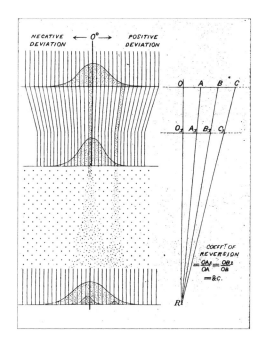

図 5.7 ゴルトンのクインカンクスの 1877 年版。母集団の散らばりを一定に維持するために天井近くの傾斜滑り台が下の散らばりの増加を相殺する様子。そして上部に位置する 2 つの身長の集団の子孫がどのような軌跡を歩むのかをもっとも下の位置へと向かう軌跡をとおして示している。(ゴルトン 1877)

代の母集団分布に与える効果を示した。図 5.7 の上の部分は母集団の分布を表している。例えばそれは最初の世代の身長であり、左側が低い身長、右側が高い身長を表し、おおよそベル型の正規分布を描いている。

ゴルトンは母集団の間のばらつきを一定に維持するためには、親子の間で変異する前に分布を圧縮する、いわゆる「傾斜滑り台」の導入が必

要であることを発見した。図5.7の中央から下の部分では、1つは中央、1つは右という2つの代表的集団のもつ変異のしやすさの効果を概略的に示している。このそれぞれが直下に子孫の小さな分布を作り出し、これはそれぞれを生み出す集団の人数に比例した小さな正規分布で示されている。かれは世代間で平衡が維持されるためには滑り台の勾配がいくつでなければならないか（かれはそれを復帰係数と呼んだ）を正確に計算した。しかしかれはこのような勾配の必要性について説明できずにかなり途方に暮れていた。1877年のかれにできた最善の言い訳は、これはおそらく母集団平均から遠いほど、適応度が減少し、生存する傾向が小さくなるのだと示唆することだった。これは必要と思われる正確な均衡を生み出すためにしかたなく考えた弁明であり、ハリウッドでさえもこのたくらみに加担できず、かれも再び言及しなかった程度の信頼水準でしかなかった。

　ゴルトンが最終的に到達した結論とかれをそこに導いた素晴らしい道具を理解するために、1889年に出版されたかれの著作の装飾版である図5.8（まず左側に注目する）を考察しよう。ここでのクインカンクスは中間位置（A）で中断されている。ここで散乱した玉は半分落ちたところで停止している。中断されなかった場合の玉の分布の輪郭は底（B）に示されている。AとBの位置の2つの分布の形状は類似している。違いは中間位置（A）ではおおざっぱに描かれ（これは私の付け足しである）低い位置のBよりも幅が狭いことだけである。これは、予想通りで、Aにおける玉は変動の半分を受けているにすぎないからである。

　ゴルトンはつぎの逆説を観察した。もし左の図の矢印で示したような中間の位置の1つの仕切りから玉を落としたとき、これらは不規則に左にも右にも落ちる可能性があるが、平均するとその直下に落ちるだろう。

第 5 章　回帰

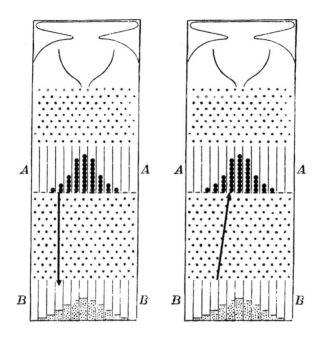

図 5.8　1889 年の図の装飾版。左の図は上の 1 つの仕切りから放たれた球の最終的な位置の平均、右の図は下の 1 つの仕切りに到達した玉の最初の位置の平均を示している。（ゴルトン 1889）

あるものは左にばらつき、あるものは右にばらつく。しかしどちらか一方向にばらつく顕著な傾向はない。しかし、例えば左の図の下の部分をみると、すべての中間の位置の玉が落ち B の位置へ到達した後、下の仕切りにある玉がどこから来たかを調べると、その答えは「真上から」ではない。むしろ平均的にはそれらは中心に近いところから来ている（図 5.8 の右図参照）。その理由は簡単である。位置 A でその仕切りの左側

にあり、右側に向かって移動してその仕切りに入る玉よりも、位置Aで中央部にあり、その仕切りに向かって左に移動してくる玉のほうが多いからである。したがってこの異なる2つの立場から発せられた2つの疑問には根本的に異なる解答がある。素朴に予想されるような単純な相互関係は見いだせない。

　ゴルトンのクインカンクスとかれが集めたデータの関係を考察しよう。図5.9は205組の両親から生まれた928人の子供の成人身長を交差分類したゴルトンの表である。両親の身長は父親の身長と1.08倍した母親の身長の平均値である。「中間親（Mid-Parent）」として要約されている。女性の子供の身長も同様に1.08倍してある。「成人した子供の総数(Total Number of Adult Children)」の列をみてほしい。これをクインカンクスの位置Aにおける集団の大きさと考えると、一番左の列に記述された集団に対応している。この表の行はそれぞれの集団内の子孫の変異のしやすさの記録である。例えば72.5インチの身長の行には6組の「中間親」がいる。かれらは19人の子供を産み、子供達の成人身長は68.2インチから「以上（Above）」まで分布している。図5.7の底にゴルトンが示した小さな正規分布の形と類似している。したがって各行は（原則として）小さな正規分布を示し、「合計（Total）」の行は総和を、すなわちクインカンクスの底に示される仕切りにおける個数（図5.8における位置B）を意味している。

　人びとの身長がクインカンクスのように振る舞うならば子孫は中間親の真下に落ちるはずである。表の右の列（「中央値（Medians）」）はそれぞれの中間親の集団の子供達[2]の身長の中央値を示している。ゴルトンはこれらの中央値が真下に落ちないことに気付いた。実際には、それ

---

(2) それぞれの小さな正規分布に近い集団、明らかにグループ化されていないデータから計算されている。

NUMBER OF ADULT CHILDREN OF VARIOUS STATURES BORN OF 205 MID-PARENTS OF VARIOUS STATURES.
(All Female heights have been multiplied by 1·08).

Heights of the Mid-parents in inches.	Heights of the Adult Children.												Total Number of		Medians.
	Below	62·2	63·2	64·2	65·2	66·2	67·2	68·2	69·2	70·2	71·2	72·2	73·2	Above	Adult Children.	Mid-parents.	
Above	..	..	..	..	..	..	..	..	..	..	..	1	3	4	4	5	..
72·5	..	..	..	..	..	..	..	1	2	1	2	7	2	2	19	6	72·2
71·5	..	..	..	..	1	3	4	3	5	10	4	9	2	2	43	11	69·9
70·5	1	..	..	..	1	1	3	12	18	14	7	4	3	3	68	22	69·5
69·5	..	..	1	16	4	17	27	20	33	25	20	11	4	5	183	41	68·9
68·5	1	..	7	11	16	25	31	34	48	21	18	4	3	..	219	49	68·2
67·5	..	3	5	14	15	36	38	28	38	19	11	4	..	..	211	33	67·6
66·5	..	3	3	5	2	17	17	14	13	4	..	..	..	..	78	20	67·2
65·5	1	..	9	5	7	11	11	7	7	5	2	1	..	..	66	12	66·7
64·5	1	1	4	4	1	5	5	..	2	..	..	..	..	..	23	5	65·8
Below	1	..	2	4	1	2	2	1	1	..	..	..	..	..	14	1	..
Totals	5	7	32	59	48	117	138	120	167	99	64	41	17	14	928	205	..
Medians	..	..	66·3	67·8	67·9	67·7	67·9	68·3	68·5	69·0	69·0	70·0	..	..	..	..	..

NOTE.—In calculating the Medians, the entries have been taken as referring to the middle of the squares in which they stand. The reason why the headings run 62·2, 63·2, &c., instead of 62·5, 63·5, &c., is that the observations are unequally distributed between 62 and 63, 63 and 64, &c., there being a strong bias in favour of integral inches. After careful consideration, I concluded that the headings, as adopted, best satisfied the conditions. This inequality was not apparent in the case of the Mid-parents.

図 5.9 家族の身長についてのゴルトンのデータ（ゴルトン 1886）

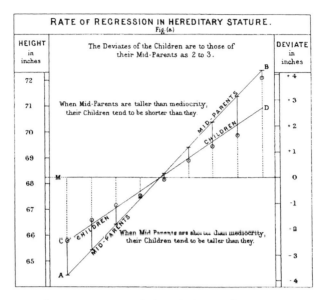

図 5.10　ここでゴルトンは図 5.9 の最左列と最右列の数をプロットした。子供の身長がかれらの中間親の身長の加重平均よりも全体の平均に近づく傾向があること、つまり「平凡への回帰」を示している。(ゴルトン 1886)

らは真下よりも全体の平均に近づく傾向があった。これは傾斜滑り台が存在しなければならないはっきりとした証拠である。目にはみえないが、かれの 1877 年の図に描かれたような役割をになっている不可解な原因があるのは確かである。かれはこれを明らかに示す図 (図 5.10) を描いた。

　中央値の列をみてみると、かれは同様の現象に気が付いた。それぞれの身長の子供の集団すべてについて、その平均的な中間親の身長は子供たち自身の身長よりも中央 (「平凡」) に近かった。ゴルトンは、並はずれた身長の子をもつ平凡な身長の両親のほうが、より極端でない身長の

子をもつ極端な身長の両親よりも多いことを想定していた。ではこの滑り台はどのように機能し、どのように解釈されたのだろうか。

1885年までにゴルトンはこの現象に新たな光を当てるさらなる証拠を手に入れた。かれはこれまでの研究から数多くの家族のデータを保有していた。かれは両親と子供を研究したときと同じ方法で兄弟についても考察した。その結果は驚くべき類似性を示した。関連性のパターンは同じであった（背の高さは血筋である）。もっとも大きな衝撃はここでも「回帰」がみられたことだ。図5.11の右の列をみてほしい、ここでも中央値は予想されるよりも「平凡」に系統的に近づいている。

この結果が驚くに値するのは簡単な理由による。それはかれの表では兄弟間においては方向性がなく、兄弟からの身長の遺伝もないからである。かれのいくつかのクインカンクスでとらえようとしたような種類の方向性のある流れは存在しない。兄弟のデータは非常に対称的である。誤植がなければ、兄弟のそれぞれの組はそれぞれのどちらかで1回ずつ数えられるので2回含まれる。図5.11では左上の隅と右下の隅にある「63未満」と「74以上」の組は同一の2人のはずである。ここで「傾斜滑り台」はどのような役割を果たしうるのか？　確かに、遺伝により形質は受け継がれていないようだ。この説明が生物学的ではなく、統計学的でなくてはならないことがゴルトンには明らかになったに違いない。

ゴルトンは中間親とその子孫のデータに立ち戻り、傾向がより明確になるように隣接する4つのセルのグループを作り度数を平均し、数値をまるめて平滑化した。かれは表の頻度が高い部分を囲んで出現するおおよそ楕円形の等高線をみつけた。クインカンクスの動きを数学的に記述[3]し、ケンブリッジの数学者の助けを得てこの表の理論的な表現を発

---

[3] 中間親を正規分布で、それぞれの部分集合の子孫を同じ散らばり具合をもつ正規分布として。

Relative number of Brothers of various Heights to Men of various Heights, Families of Five Brothers and upwards being excluded.

Heights of the men in inches.	Heights of their brothers in inches.													Total cases.	Medians.
	Below 63	63·5	64·5	65·5	66·5	67·5	68·5	69·5	70·5	71·5	72·5	73·5	Above 74		
74 and above	1	1	‥	‥	‥	‥	‥	1	1	‥	5	3	12	24	
73·5	‥	‥	‥	‥	‥	1	3	4	8	3	3	2	3	27	
72·5	‥	‥	‥	‥	1	1	6	5	9	9	8	3	5	47	71·1
71·5	‥	1	1	1	2	8	11	18	14	20	9	4	‥	88	70·2
70·5	‥	‥	2	1	7	19	30	45	36	14	9	8	1	171	69·6
69·5	‥	1	5	9	11	20	36	55	44	17	5	4	2	198	69·5
68·5	‥	1	8	26	18	38	46	36	30	11	6	3	‥	203	68·7
67·5	2	4	10	33	35	38	38	20	18	8	1	1	‥	199	67·7
66·5	4	3	15	18	28	35	20	12	7	2	1	‥	‥	155	67·0
65·5	3	3	12	15	33	36	8	2	1	1	‥	‥	‥	110	66·5
64·5	3	8	8	3	10	8	5	2	‥	‥	‥	‥	‥	64	65·6
63·5	5	2	3	3	3	4	1	‥	‥	1	‥	‥	1	20	
Below 63	5	5	3	3	4	2	‥	‥	‥	‥	‥	‥	1	23	
Totals	23	29	64	110	152	200	204	201	169	86	47	28	25	1329	

図5.11 兄弟の身長についてのゴルトンの1886年のデータ(ゴルトン1886)

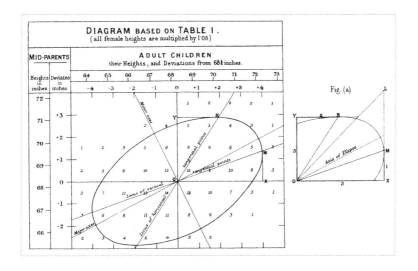

図 5.12 ゴルトンの 1885 年の図。回帰直線 ON と OM を示す。「三数法」の直線は右の小さな図の線分 OL である。(ゴルトン 1886)

見した。これは現在、長軸、短軸とさらに重要な 2 本の「回帰直線」(図 5.12) をもつ 2 変量正規分布として知られている。回帰直線の 1 本は中間親の身長の関数として子の身長を予想する理論上の直線 (線分 ON) であり、もう 1 本は子の身長の関数として予想される中間親の身長 (線分 OM) である。

この統計的現象の性質が明らかになってきた。2 変量確率密度の理論あるいは表の数値のどちらの方法を用いても、この 2 つの直線は 2 つの異なる方向を平均して得られるので、すべてのデータが表の対角線上になければ、この 2 つの直線が一致することはない。2 つの特性の相関[4]

---

(4) ゴルトンが 1888 年末にこれらのデータを念頭に導入した用語。

が 1.0 でない限り、この 2 つの直線は異なり、それぞれの直線は 2 つが完全相関の場合[5]とゼロ相関の場合[6]の折衷になる。興味深いことにゴルトンの図には三数法が与える直線も示されている。図 5.12 の右の図における直線 OL がそれであるが、回帰直線にも一致せず、どんな特定の統計的解釈ももっていない。この例では 45 度線であり、これは中間親の平均身長と子供の平均身長が等しいことを反映している。

ゴルトンの解釈

これらの研究をまとめて 1889 年に出版した『自然の遺伝的形質』のなかで、ゴルトンは自らの考えを述べている。P が関連する母集団分布の平均身長であり、兄弟のうちの 1 人の身長が分かれば、「兄弟のもう 1 人には 2 つの異なる傾向がある。1 つは身長の分かっている兄弟に似る傾向であり、もう 1 つはかれの種族に似る傾向である。1 つはかれの兄弟と同様に P から外れる傾向であり、もう 1 つは全く外れない傾向である。結果はそれらの折衷となる」。現代の用語では、この 2 人の兄弟の身長を $S1$ と $S2$ で表し、それぞれの身長は $S1=G+D1, S2=G+D2$ のように 2 つの部分から構成されるとする。ここで G は兄弟に共通の観測できない永続的な部分（兄弟が共通にもっている遺伝的な部分）であり、$D1$ と $D2$ は観測できない一時的あるいは確率的な部分で G とは相関がない。ゴルトンの P は母集団のすべての G の平均を表している。

ここで回帰の概念を淘汰効果として明確に述べることができる。もし兄弟の 1 人目の身長 $S1$ が母集団平均 P よりも大きいことが分かったと

---
[5] 楕円の長軸。
[6] 原点を通る水平の（あるいは垂直の）直線。

き、平均的には $S1$ は、2つの要因を合計した結果である。1つは、個人の G が P よりも幾分大きいということ、そしてもう1つは、$D1$ がゼロよりも幾分大きいところでばらつくということである。二人目の兄弟については、かれの G は兄弟と同じであるが、平均的には $D2$ の寄与はゼロである。そのため $S2$ は P よりも大きいことが予想されるが、それは G のおよぶ程度であり、$G + D1$ のおよぶ程度ではない。したがってそれは $S1$ 程度ではない。そしてこの議論は $S1$ と $S2$ を入れ替えても成立する。

ダーウィンの問題の解決

ゴルトンは平均への回帰は生物学的変化の結果ではなく、親と子の不完全相関の結果にすぎないこと、そしてこの完全相関の欠如はダーウィンの必要条件であり、それがなければ世代間の変異と自然淘汰が存在しないことを発見した。上述した理論の表現（図5.4）は回帰を組み込んで図5.13のように描くほうがよいだろう。図5.4と違うところは観測された身長は完全には遺伝せず、2つの部分に分けられ、そのうちの一時的な部分は遺伝しないということである。このとき、母集団の間のばらつきがおおよそ進化の均衡にあること、母集団の中心から極端への移動は逆の移動によって相殺され釣り合いがとれていて、極端への変異の多くはもっと数の多い中央部からの一時的な脱線であるという事実に起因している。ゴルトンが確認した問題は、結局のところ問題ではなく、それどころか誰もそれまで気付かなかった統計的効果によるものであった。母集団の均衡と世代間の変異のしやすさは相容れなくはなかった。

図 5.13　回帰を許容するように書き直した図 5.4

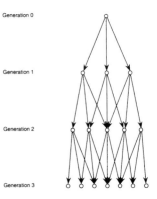

結果と影響

　ダーウィンの問題に対するゴルトンの研究は計り知れない結果をもたらした。ゴルトンはダーウィンの理論が支持されるに当たっては重要な役割を果たせなかった。かれが取り組んだ問題は他の誰もがその存在を完全には理解しなかったし、かれが正しく理解すれば、それは問題ではなかったことを示した。しかし、かれの開発した手法は20世紀初頭の生物学にとって極めて重要だった。かれは相関係数と単純な分散成分モデルを導入した。実際には、1900年にメンデルの研究を再発見することにより生じたいくつかの結果を、統計学的な手法のみで発見していた。それは、両親から子孫への数量的寄与の度合い、兄弟間の関係は両親と子孫の関係よりも密接であるという事実である。1918年にロナルド・A・フィッシャーは数学的な偉業のなかで分散の計算をメンデルの分類のも

とで親類の相関と関連の偏相関へ、そしてあらゆる種類の関係へと拡張し、現代数量遺伝学の大半が生み出された。

　この影響は生物学だけではなかった。分散成分の考え方は数量的心理学と教育心理学の要となった。そしてゴルトンの恒常的な効果と一時的な効果を分ける考え方は経済学者ミルトン・フリードマンが1957年に『消費関数の理論』において提案し、1976年にノーベル賞を受賞したモデルの核心であった。フリードマンは個人の消費は主として個人の所得の恒常的な部分に依存しており、個人消費はジョン・メイナード・ケインズが提唱したような一時的な増加（『緊急経済対策』）には比較的鈍感であると主張した。かれはケインズとは逆に一時的な政府支出に永続的な効果があるという仮定にもとづく経済政策は間違っていると結論づけた。

多変量解析とベイズ推定

　おそらく歴史家はゴルトンの発見のさらに影響力のある側面を見落としてきた。1885年のゴルトンの研究以前には真の多変量解析を実行する手続きはなかった。初期の研究者は多次元の統計分布を考察していた。図5.14は的を撃つ射撃の研究から生まれるような初期の2次元誤差分布の例を示している。図5.15は2つ以上の変数を含む確率密度の初期の式である。また、2つ以上の未知の変数を含んだ定式化は1805年とそれより前の最小二乗法の最初の出版にさかのぼる。

　しかし1885年以前には連続2変量分布を薄く切り、例えばXとYの分布に対して、Yが与えられたときのXの条件付き分布、そしてXが与えられたときのYの条件付き分布、そして正規分布の条件付き平均

と条件付き分散をだれも求めはしなかった。これは単純な数学的手順であるが、ゴルトンが遺伝の研究をするうちに異なる条件下の2変量の関係についてより一般的な問題を考察するようになるまでは明らかにだれもそれを完成させようという意欲をもっていなかった。

ゴルトンは1889年の自著の出版を待つ間に、XとYの標準偏差が等しければ、YをXに回帰した傾きとXをYに回帰した傾きは等しく、この共通の値はこの2変数の関連性の尺度として使用できることに気付いた。相関係数の誕生である。数年以内にフランシス・エッジワース、ウドニー・ユール、そしてピアソンは、偏相関に関連した関連性の測度、多次元最小二乗法、そして分散の主成分を用いてこの考え方を高次元へと拡張した。統計学が大きな複雑性をもつ問題を扱う技術として出現したとき、2次元の度数表の頁から飛び出したのである。

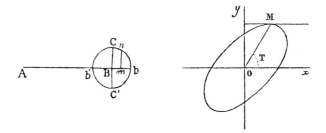

図5.14　2変量密度の等高線、(左) ロバート・アドレイン 1808、(右) アウグスト・ブラベー 1846、(次ページ) イジドル・ディディオン 1858。(アドレイン 1808、ブラベー 1846、ディディオン 1858)

第 5 章 回帰

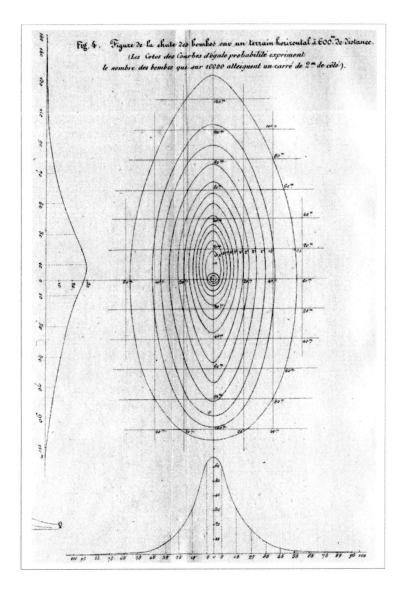

Soit maintenant $x = \xi \sqrt{n}$, $y = \psi \sqrt{n}$, $z = \zeta \sqrt{n}$ &c., & $\frac{\alpha}{n} = A$, $\frac{\beta}{n} = B$, $\frac{\gamma}{n} = C$ &c. on aura $\xi + \psi + \zeta +$ &c. $= 0$, & $A + B + C +$ &c. $= 1$; donc,

$$P = \frac{1}{(\pi n)^{\frac{m-1}{2}} \sqrt{(A B C \ldots)}} \ \&$$

$$V = e^{-\frac{1}{2}\left(\frac{\xi^2}{A} + \frac{\psi^2}{B} + \frac{\zeta^2}{C} + \&c.\right)}$$

Or, comme l'incrément où la différence des quantités x, y, z &c. est $= 1$, la différence des variables ξ, ψ, ζ &c. sera $= \frac{1}{\sqrt{n}}$ &, par conséquent, infiniment petite ; de sorte que, si on appelle cette différence $d\theta$, on aura

$$P = \frac{d\theta^{m-1}}{\sqrt{\left(\pi^{m-1} A B C \ldots\right)}}$$

Donc

$$P v = \frac{e^{-\frac{1}{2}\left(\frac{\xi^2}{A} + \frac{\psi^2}{B} + \frac{\zeta^2}{C} + \&c.\right)} d\theta^{m-1}}{\sqrt{\left(\pi^{m-1} A . A . C \ldots\right)}}$$

$$E = S.m^{(i)2}.S.n^{(i)2} - (S.m^{(i)}n^{(i)})^2;$$

la double intégrale précédente devient

$$c^{-\frac{k}{4k'^2 a^2 \cdot E}\cdot[l^2.S.n^{(i)2} - 2ll'.S.m^{(i)}n^{(i)} + l'^2.S.m^{(i)2}]}$$

$$\times \iint \frac{dt.dt'}{4\pi^2.a^2}.c^{-\frac{k''t^2}{k}.S.m^{(i)2} - \frac{k't'^2.E}{k.S.m^{(i)2}}}.$$

En prenant les intégrales dans les limites infinies positives et négatives, comme celles relatives à $a\varpi$ et $a\varpi'$, on aura

$$\frac{1}{\frac{4k''\pi}{k}.a^2\sqrt{E}}.c^{-\frac{k}{4k''a^2}\cdot\frac{l^2.S.n^{(i)2} - 2ll'.S.m^{(i)}n^{(i)} + l'^2.S.m^{(i)2}}{E}}. \quad (o)$$

Il faut maintenant, pour avoir la probabilité que les valeurs de l et de l' seront comprises dans des limites données, multiplier cette quantité par $dl.dl'$, et l'intégrer ensuite dans ces limites. En nommant X cette quantité, la probabilité dont il s'agit sera donc

図 5.15 多変量正規分布の公式、(上) ラグランジュ 1776、(下) ラプラス 1812。(ラグランジュ 1776、ラプラス 1812)

ベイズ推定

　この新しい発見は推論に対して目を見張る影響をもたらした。基本的に推論とは手元のデータをもとに、そのデータに取り組む前に決めた定式化にしたがって条件付きの主張をすることである。ベイズ推定がその典型である。もっとも単純なかたちでは、統計学者が興味をもっている未知の値 θ の事前確率分布、θ が与えられたときのデータ X の確率分布、すなわち尤度関数 $L(\theta) = p(x|\theta)$ を特定化し、(X, θ) の2変量確率分布を見いだし、そこから $X = x$ が与えられたときの条件付き確率密度である事後分布 $p(\theta|x)$ を求めている。これが、現在、すくなくとも行われている方法である。これらの単純な手順は1885年以前には不可能であった。ゴルトンは与えられた成人した子供の身長から中間親の分布を、あるいは兄弟の1人の身長からもう1人の身長の分布をみつけるために「後ろを振り返った」が、これはベイジアンの計算そのものであり、この形での最初の計算と思われる。

　もちろん、何らかの逆確率には長い歴史があり、少なくともトーマス・ベイズ（1764年）とラプラス（1774年）にまでさかのぼる。しかし、これら2人もそしてこの中間期の他の誰もが現代の手順には従わなかった。その誰もが連続的な変化量に対する条件付き分布を研究せず、全員が平坦な（一様）事前分布を仮定することと本質的に同等の仮定を用いた。ベイズは n 回の独立試行に対する2項確率（1つの試行における成功確率）θ の推定の場合のみを考察した。ここでかれは成功が X 回で失敗が $n-X$ 回であるという情報しか得られないと仮定した。厳密に言えば「事前」ではなく、実証的な証拠がないのですべての値は等しく確からしいと信じていると言っているに等しい。つまり、すべての $k = 0, ...,$

N に対して Prob $(X = k) = 1/(n + 1)$ である。これは θ に対する一様事前分布と整合性が取れている。これにより2項という限定された条件ではあるが、ゴルトンの技術的装置を行使することなく正しい結論を推論することができた。ラプラスはさらに一般的に $p(\theta|x)$ は $p(x|\theta)$ に比例するという大胆な仮定[7]をおいたが、これも一様分布と整合的である。ラプラスの方法は単純な問題については間違っていないが、高次元になると深刻な間違いをもたらす。ただしこのことにかれは気付いていなかったようだ。19世紀を通してベイズは一般的には無視され、ほとんどの人が無批判にラプラスにしたがった。

　ほとんどの人はベイズ推定を推論の理想的な形と考えている。これはまさに科学者が求めている答え、すなわち入手できるデータの光のもとで調査を行い、その目標についての完全な記述をもたらしている。そして多くの人が、理想のほとんどがそうであるように、実際のところ通常は達成できないと思いこんでいる。というのもその材料、特に事前分布はつねに明らかに目の前にあるというように特定化できるとは限らないからである。1885年以降、より一般的な特定化のための数学的装置が利用可能になったが、困難は残った。1920年代以降、ハロルド・ジェフリーズはいわゆる参照事前分布の使用を主張した。これは事前の不確実性の表現で測定尺度に敏感ではなく、（少なくともある人びとには）尤もらしくある種類の情報の欠如を反映している。1950年代にはブルーノ・デ・フィネッティとジミー・サヴェッジは個人論的なベイズ推定を支持した。そこではそれぞれの統計学者が自身の信念を素直に評価し、それによってさまざまな人が異なる結論に到達するとしても、それを事前分布としてよいとされる。最近になって「客観的」ベイズアプローチ

---

(7) かれはそれを原理 [pricipe] と呼んだ。

を熱心に提唱する人もいる。そこでは再び参照事前分布が事前情報の欠如を表現するものとして採用されている。ここで統計学者は強い事前情報にもとづかない他のどんなアプローチも定性的（質的）には類似の結論に到達するという知識に満足感を求めている。高次元では、1次元や2次元で自然と思われた仮定の影響力が識別できず、結論について強く予測不能な影響があるにもかかわらずその仮定が承認可能であるという、大きな問題がある。

縮小推定

多変量解析の導入はゴルトンの研究の重大な成果である。背の高い両親の子供は両親より背が低いことが予測でき、背の高い子供の両親は子供よりも背が低い傾向があるという、いわゆる回帰の逆説の説明はあまり重要でないだけでなく、あまり成功もしていない。回帰の意味の誤解から生じる誤りはいたるところで起こり、今なおみられる。

1933年に北西部の経済学者ホレス・シークリストは統計学的な間違いに完全に基礎をおいた『ビジネスにおける平凡の勝利』を出版した。例えば、かれの調査によると、1920年に利益率が上位25%に入るデパートを特定し、1930年までそれらの業績の平均を追跡すると、産業平均へ、平凡へと絶えず向かう傾向がある。シークリストは回帰について知っていたにもかかわらず、それを理解してはおらず、「ビジネスにおける平凡への傾向は統計的な結果以上の意味があり、それは支配的な行動関係を表している」と述べている。かれはおめでたいことに1930年の利益にしたがって上位25%を選べば、この効果は逆になり、1920-1930年の期間に平凡からの乖離がみられることには気が付いていない。かれの

468頁の本を通して、他の数十の経済部門についてこの失敗を繰り返している。

1950年代にチャールズ・スタインはもう1つの関連した逆説を公表した。独立な測定値の集合 X_i, $i=1, ..., k$ があり、それぞれの平均の推定値は μ_i であると仮定しよう。μ は全く関係がなくてもよいが、分かりやすくするために、各 X_i は正規分布 $N(\mu_i, 1)$ にしたがうとする。X_i は k 人の個人のスケール変換した試験の点数かもしれないし、異なる産業に属する k 社の企業の利益のスケール変換した推定値かもしれない。このとき対応する X_i によって各 μ_i を推定すべきことはあまりに明らかなので証明を要さないとされていた。スタインは測定誤差の二乗和を最小化することを全体的な目的とするのは誤りであると指摘した。特により良い推定値の集合はすべての X_i をゼロに向かって「縮小」させることで得られる。その縮小の程度は X_i のみに依存し、例えば $\left(1-\dfrac{k}{S^2}\right)X_i$ ただし $S^2 = \sum_{i=1}^{k} X_i^2$ である。

スタインの逆説はある種の回帰として解釈できる。(μ_i, X_i) を k 組の観測値と考える。可能な推定値として X_i のすべての単純線形関数、すなわち bX_i の形の推定値を考える。「自明な（明白な）」推定値は $b=1$ とした場合である。しかし、誤差二乗和を最小化することを目的とした場合、(μ_i, X_i) の対をデータとし、b の最善の選択は μ_i を X_i に回帰したときの最小二乗推定値 $b = \dfrac{\sum \mu_i X_i}{\sum X_i^2}$ である。しかし実際には μ_i は分からないので、それらの決定が分析の核心になる。それでも b の分子は推定できる。このとき $E(\mu_i X_i) = (X_i^2 - 1)$ であることを示すのは初歩的な計算問題である。そこで $\sum \mu_i X_i$ を $\sum (X_i^2 - 1)$ に置き換え、$b = \dfrac{\sum (X_i^2 - 1)}{\sum X_i^2} = \left(1 - \dfrac{k}{S^2}\right)$ を

用いる。スタインは（ここで用いた仮定のもとでは）この推定値のほうが μ_i の値にかかわらず、k があまり小さくなければ（ここの推定値では $k \geq 4$）、「明白な」推定値よりも推定される誤差二乗和が小さくなると証明した。ゴルトンは驚かないだろう。というのも「明白な」X_i の推定値は $E(X_i|\mu_i) = \mu_i$ の線上にあるが、これは X で μ を回帰するのではなく、μ で X を回帰しているので、誤った回帰直線であるとゴルトンは認識しているからだ。

因果推論

今日、「相関は因果関係を意味しない」という考え方は統計学者の間では広く同意を得ている。これについての見解は 1888 年の相関係数の発明よりさらにさかのぼる。1710 年に哲学者ジョージ・バークリーは「観念間の結合は原因と結果との関係を意味しているのではなく、表されるものごとの印や記号を意味しているにすぎない」と述べた。現代の技術的な議論は 1890 年代後半にはじまる。ある調査でピアソンはつぎのことに気付いた。男性の頭蓋骨の長さと幅が本質的に無相関であり、女性の頭蓋骨についても同様に長さと幅は無相関である。ここで男女の頭蓋骨を混ぜると状況は変わる。男女混合の集団では、これらの同じ測定値は強い正の相関をもつ。それはグループの平均が異なり、この場合は男性の頭蓋骨は平均が長さにおいても幅においても女性の頭蓋骨の平均より大きいからである。（極端な場合として）一緒にした集団が 2 つの離れた円形のクラスターとして描かれる場合を考えてみると、個々のグループでは相関は示さないが、一緒になると 2 つのグループの中心を結ぶ直線で決まる関係を示す。

ピアソンはこれを「みせかけの相関」と呼び、つぎのように記述した。

> どのような集団についても絶対的な同質性を保証することはほぼ不可能であり、相関についての結果には誤差がつきもので、その誤差の大きさをあらかじめ示すことはできないが、この相関はみせかけと呼ぶのが適切であろう。すべての相関を原因と結果とみなすことに固執する人には、2つの密接に結びついた種を人工的に混合することにより、2つの全く無相関の特徴 A と B の間に相関がみられるという事実はかなりショックに違いない。

この問題の一般的な受け取り方はその反対の考え、つまり相関の発見は実際にある程度因果関係の推論を支持するという考えを受け入れたいという強い願望と共存してきた。もちろんこのなかには、因果関係について強い事前の信念をもっている科学者が、相関の発見という自らの成果について不注意な意見をするときのような自己欺瞞の場合もある。しかし長年にわたる統計技術の蓄積は、採用された方法により必要な条件は異なるが、「これらの仮定が合意されるなら相関は因果関係を意味する」というような意見を潜在的に許容することで因果推論ができるように発展してきた。

これらの条件のいくつかは数学的というよりむしろ哲学的である。1965年にオースティン・ブラッドフォード・ヒルは疫学における因果推論に必要と思われる7つの一般的な意見を提示した。それらはすべて合理的であるが厳密な定義をせずに、関連の強さ、関連の一致性、妥当性（生物学的妥当性）、そして関係の整合性といった用語を使っている。これら7つのうちの1つに「時間的関係」があるが、原因といわれるも

のは結果に先んじる必要があると本質的に述べている。これは生物学や物理学では合理的と思われるが、社会科学ではそれほど明らかではない。サイモン・ニューカムはヒルの意見が公刊される80年前に、政治経済学のある教科書のなかでその反例を与えている。

> この経済現象をみるこの方法、すなわち時間的関係を仮定する方法は危険であることを示してみよう。統計的に観測することでキニーネと公衆衛生の関係を確認しようとしている調査員を考えよう。かれはつぎのように推論するかもしれない。「もしキニーネが間欠熱の治癒をもたらすなら、キニーネをもっとも多く摂取するところで間欠熱はもっとも少なく、キニーネの輸入が多くなるほど、公衆衛生が改善する。しかし事実はこの正反対である。ミシシッピ川の下流域とメキシコ湾州の低地では人びとは米国内のどこよりも多くのキニーネを摂取している。しかし、より健康になるどころか、かれらは他の誰よりも間欠熱に苦しんでいる。それどころか毎年夏のキニーネの大量輸入に引き続き、定期的に秋には間欠熱の感染増加が起きている」

われわれの予測力がまさに事態を一層複雑にしている。

その他のより厳密な方法はある偏相関がゼロであるとか、ある変数は他の変数が与えられたという条件のもとで独立であるとか、仮定される因果性を反映した「構造方程式」を導入するといったデータの相互依存構造に関する仮定を含んでいる。1917年にシューワル・ライトは異なる変数間の依存関係の方向を矢印で表現した有向グラフによって、グラフに巡回がない限り、変数の相関を簡単に計算できることを発見した（図5.16参照）。かれは後にこれを「パス解析」と呼んだ。かれの初期の研

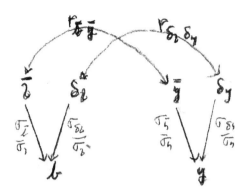

図5.16 1917年、シューワル・ライトによる最初のパス解析。ライトの1975年4月の個人的書簡のなかでかれにより再構成されたもの（ライト 1975）

究はメンデルの遺伝的形質の構造にもとづくもので、その性質上、因果関係に関するというよりむしろ数学的であった。しかし後の研究ではいくつかの例を用いて因果関係の推論を導入した。1917年のかれのまさに最初の応用は、ピアソンが議論した問題を取り扱う際に使用できる。Lを頭蓋骨の長さ、Wを頭蓋骨の幅、そしてSを性別（MあるいはF）としよう。このときかれの方法は男女混合した頭蓋骨の共分散の間のつぎの関係を導いた。

$$\text{Cov}(L, W) = E\{\text{Cov}(L, W|S)\} + \text{Cov}(E\{L|S\}, E\{W|S\})$$

ピアソンによると、右辺の最初の項はほぼゼロであり、2つの部分集合の平均の間の関係（第2項）がこの式を支配している。

ライトの方法は非巡回グラフモデルのための因果関係モデルと経済学

者の構造方程式モデルを含む後の研究の先駆けとなった。この現代的研究の多くは、強力な仮定から厳密な結論を導くという具合に行われた。しかし、メンデルの遺伝的形質の場合には真実を実証できたが、これらの強い仮定が真実を実証するとは限らないことを決して忘れてはならない。

三数法：R.I.P（安らかに眠る）

19世紀末までに三数法は数学史から葬り去られた。今日、この名前の法則は数学を学ぶ生徒にも教員にもほとんど知られていない。そしてこの名前はときどき他の関係ない使われ方をされてきたが、そのどれもが支持を得られていない。しばしば引用される「イエズス会士は3人同時に死ぬか？」（確率的な事象が偶然固まって発生することもあるという事実から発想を得た）という質問は、今日ほとんどの統計学者にとって『三数法』という用語に遭遇することに近いものがある。『優生学紀要』の表紙にピアソンが復唱した1855年のダーウィンの言葉だけは、後の1954年の『人類遺伝学紀要』への名称変更の際にも残ったが、最終的に1994年、ジャーナルの表紙が完全にデザインを改めたことで消滅した。この法則の死はその出典をもはや理解していない世界で嘆かれることはなかった。しかし責任を負うべきなのはゴルトンではなく、それをもはや名声を得ることのない代数学の自明な一部分にしてしまった数学の成長と発展であった。かつてはどのような数学課程でも取り上げられ、英国の公務員試験の必須要件であった。しかしその名声が終わったとしても、この考え方の統計上の誤用はよくありがちな軽率な補外法のなかに生き残っている。

三数法の全盛期においてさえも、世間はこれを懐疑的にみていた。そしておそらく今日適切でない教え方の三角法と計算が生徒達を数学嫌いにさせているように、三数法は多くの生徒達を数学嫌いにさせたに違いない。1850 年にジョン・ハーシェルは、ゴルトンの洞察を知ることなしに、すでにある本の書評のなかで三数法の応用の限界を認識していた。「三数法は政治算術学の頼みの綱ではなくなっただけではなく、昔ながらの規範の領域に容易に落とし込むために恣意的で全く根拠のない仮定を置いて解く問題でもなくなった」

　1859 年ロンドンでフランシス・タルフォードにより『三数法』と題した芝居が短期間上演された。それは一幕の喜劇で、シスルバーという男が、愛妻マーガレットがある男の魅力に惹かれているのではないかという疑いを抱き、実際には存在しない関係を壊そうと画策する。かれは自らの策謀により危うく妻を失うところだったが、すべてはハッピーエンドになり、劇はマーガレットがシスルバーへの詩を朗唱して終わる。その詩はこの時代でも三数法が人生の指針としては信頼されていなかったことを反映している。

　うまくいくでしょう、ごまかさなければ
　女の名誉は心の最良の道しるべ
　信頼できる人でいられるのは信じてもらえるから、決して疑わないで
　さもないと半信半疑になる前に半分失われる
　何がその隙間を埋めるのか誰も分からない
　疑いこそが裏切りのもと
　結婚生活の合計は絶対に
　三数法では解けず、証明もできない

実験計画と無作為化の法則

　第6の柱は計画である。これは実験計画法などの計画であるが、さらに広い意味をもつ。そして、これには一般的な観測の進め方、そして最適案の選定と観測を進める際に取られる行動による影響が含まれている。計画には、実証科学における実地試験（野外実験）や標本調査、品質監視、臨床試験、政策と戦略の評価という、積極的な実験の計画、研究の規模の決定、論点の構成、処理のわりつけが含まれている。そしてこれら全ての場合において、その後に予定される分析が計画の道しるべとなる。データの生成においてほとんどあるいはまったく制御ができないという、観測が受け身にならざるを得ない科学においても、計画は決定的な役割を果たすことができる。どのような観測にもとづく科学であっても、つぎの質問により焦点がみえてくる。目の前にある主要な問題に取り組むためにデータが生成できるとすれば、どのようなデータが必要だろうか？　このようにして、計画はどのような統計的な問題に対してもわれわれの思考を鍛える能力をもっている。

　計画は古代にもみられる。旧約聖書のダニエル書で、ダニエルはユダヤ教の食事規定にしたがう豆と水の食事を好み、ネブカドネザル王が用意した豪華な食事とワインにたじろいだ。侍従長は、10日のあいだ、ダニエルと3人の仲間は豆だけを食べ、水だけを飲み、その後に王の豪華な食事のみを摂ってきたもう1つのグループと健康状態を比較するという、今でいう臨床試験に相当するダニエルの提案を受け入れた。健康

状態は外見で判断され、ダニエルのグループが勝利した！

アラブの医学者アヴィセンナ（イブン・シーナー）は紀元1000年頃に書かれた『医学典範』のなかで計画された臨床試験を論じている。その後6世紀の間、医学における指導的な専門書であったアヴィセンナの本の第2巻では医学的実験のための7つの規則をとり挙げている。薬の作用がアリストテレスにまでさかのぼる4つの主要な性質（熱・冷・湿・乾）に起因するという古代の考えにしたがったこれらの規則は、アリステア・C・クロンビーによってつぎのように翻訳された。

1. 薬は、外部からそして偶発的で非本質的な性質から解放されていなければならない。例えば、水の効果を検証するときは熱くなっているときではなく、冷めるまで待たなければならない。
2. 実験は複合的な病気ではなく、単独の病気に対して行われなければならない。なぜなら複合的な病気の場合は、病気が治ったときに薬の何が治癒の原因になったかを推測することが不可能だからである。
3. 薬は2つの正反対の種類の病気で検証されなければならない。なぜなら薬がその本質的な性質により、ある病気を治癒させる場合もあれば、偶発的な性質で治癒させる場合もあるからだ。その薬がある種類の病気を治癒させたという事実だけによって、薬が必然的にある与えられた性質をもっているということは推測できない。
4. 薬の性質は病気の重さに対応させるべきである。例えばある病気の「冷たさ」よりも薬の「熱さ」が小さいために全く効果がない場合もある。したがって実験は最初に弱い種類の病気に対して行い、徐々に病気の強さを増していくべきである。
5. 作用した時間をよく観察することで、本質的なものと偶発的なも

のを混同しないようにするべきである。例えば熱せられた水は外部から予期せず得られた一時的な熱による効果をもつ。しかし、しばらくすると本来の冷えた性質に戻る。
6. 薬の効果はいつでも、あるいは多くの場合にみられなければならない。そうでなければそれは偶発的な効果である。
7. 実験は人体を使わなければならない。ライオンや馬で薬を実証しても人間のための効果を実証したことにならない。

現代の目からはこれらの規則は、制御と反復の必要性、効果を混同する危険性、そして多くの異なる因子の水準による結果を観察するという英知を強調しているように読める。これらの規則は一般的な因果関係を明らかにしようとする初期の表現であるとみなす者さえいるかもしれない。アヴィセンナ以来、あるいはアリストテレス以来それから何が変わったのだろうか。確かに実験室の動物はライオンからマウスに置き換えられた。しかしアヴィセンナの第2の規則をみるとかれは原則として1回に1つの要素についてしか実験を行わないと述べている。さらに最近の例としてウィリアム・スタンレー・ジェヴォンズによる1874年の『科学の原則』におけるつぎの記述をご覧頂きたい。

> 実験におけるもっとも必須の事前注意は、1度に1つの環境のみを変更し、他の全ての環境は厳密に一定に保つことである。

ではロナルド・A・フィッシャーの1926年の記述をみてみよう。

> 野外実験に関連して、自然に対しては1回にほんのわずかの質問し

かするべきではない、あるいは理想的には1つの質問に留めるべきであるという、これほど頻繁に繰り返された格言はない。著者（フィッシャー）はこの見解は全くの間違いであると確信している。自然は論理的で注意深く考え抜かれた質問にもっとも良く応答する。実際、自然に1つだけ質問をすると、しばしばいくつかの他のトピックが議論されるまで回答が拒絶される。

加法モデル

フィッシャーは2000年間続いた実験哲学と実施方法の大部分を廃棄処分にしたが、それは大変精巧な英知あふれる統計学的議論によってなされた。フィッシャーの多因子計画はロザムステッド実験農場における農業研究の経験から生まれ、実験の手続きにおける大転換をもたらした。かれは規則的な農業区画内で、種、肥料、そして他の因子を同時に変更した。ラテン方格、あるいはグレコラテン方格にしたがって作付け配置をし、そして1回の種まき時期、1回の作付けでこれら全ての因子についての質問に答えた。

　農業実験者はさまざまな配置を数年にわたり施すことを試みてきた。1770年にアーサー・ヤングは例えばバラまきとドリルまきのように同じ畑に同時に採用された異なる方法について、他の因子が変化することで間違った結論を導くことを避けるために、注意深く比較することを主張した。しかし、ヤングは「等分」に畑を分割すること以外に分割のよい方法について何も言及していない。フィッシャーが1919年にロザムステッドに到着するまで、研究者は市松模様やサンドイッチ構造を採用し、2つの異なる処理をすぐ隣に配置することで土地の性質の違いを最

小化してきた。これはその効果を考慮に入れる分析を欠いた実験ではあったが、ブロック化の試みの1つといえる。フィッシャーは全く新しい分析と実験の論理の組み合わせを提供した。かれは農業における統計的変動をとらえる新しい手法の必要性を認識しただけでなく、経済的で効率的な実験が実施されれば、変動について検討することが、解決につながると理解した。かれの考え方がもっとも有効となるのは階層構造を組み込み、交互作用について推定を可能にする複雑な計画においてである。しかしもっと単純な構造でも役に立っている。

実験農地における収穫量の加法モデルを考えよう。畑は$I \times J$の小区画に分割され、異なる処理が組み合わされそれぞれに割り当てられる。(i, j)区の収穫量をY_{ij}と表し、収穫量は全体の平均、処理の個別の効果、そして各区に対する無作為な変動の総和であるとする。つまり$i = 1, ..., I$と$j = 1, ..., J$に対して$Y_{ij} = \mu + \alpha_i + \beta_j + \varepsilon_{ij}$である。ここで$\mu$は全ての畑の平均収穫量を表し、$\alpha_i$は例えば種の変動$i$による効果、$\beta_j$は例えば肥料の水準$j$による効果、そして$\varepsilon_{ij}$は制御できない因子による$(i, j)$地区の確率的な変動を表している。

1985年にフランシス・エッジワースはこのような加法モデルを言葉により描写した。これは数学的ではなかったが、形式的なモデルが必ずしも伝えられない雄弁な明瞭さをもっていた。エッジワースは、「ある都市の地面は」からはじめて、つぎのように記した。

> 穏やかな地質学的作用により生成されたいくつかの隆起からなっている。これらの隆起は東西に互いに平行して走っている。それらは火山性の変位によりできた隆起と垂直に交差している。火山活動が一定の率で西から東へ移動し、毎年同じ幅の隆起を形成したと仮定しても

よい。観察に先立ってある年の変位が（どこかの、あるいはすべての隆起における）近接した年の変位と似ているかどうかは分かっていない。1つの隆起の変位が隣の隆起の変位と同一である傾向があるかどうかも分からない。このような形で交差した、急な勾配の地面にさまざまな家が建っている。それぞれの家の屋根の海抜は気圧などで確かめられ、各エーカーの屋根の海抜の平均値は記録として残っている。

ここで Y_{ij} は (i, j) で指定された1エーカーにおける家の高さ（海抜）の平均値である。μ は都市全体の家の高さ（海抜）の平均値である。α_i は段丘 i の変位の効果、β_j は隆起 j の変位の効果、ε_{ij} は (i, j) で指定された1エーカー当たりの高さの平均に対する家の高さの確率的な変動である。

このモデルは3つの変動の原因を構造化して組み込んでいるために、たとえ同じ処理の組み合わせをもつ区がなくても、変動の原因を個別に扱うことができる点が重要である。この全てを1つのモデルに組み込むことで、莫大な予期せぬ贈り物がある。1つの因子[1]を無視してデータに取り組むと、この除外した因子による変動はその他の因子や制御不能な因子による変動を過小評価してしまい、その他の因子[2]の検出や推定を不可能にしてしまう。しかし両方が含まれていれば[3]双方の効果は行あるいは列の平均と変動から飛び出して、はっきりと識別可能になる。このような基礎的な加法効果の例でさえも、結果には目を見張るものがあり、もっと複雑な状況においては驚きさえ与えてくれる。

---

(1) 例えば肥料あるいは隆起。
(2) 例えば変種や段丘。
(3) いくつかの応用においてフィッシャーはこれをブロック化と呼んだ。

	75	76	77	78	79	80	81	82	83	84	85	86	87	88	89	90	91	92	93	94
G	—	2	2	1	—	—	1	1	—	3	—	2	1	—	—	1	—	1	—	1
I	—	—	—	2	—	3	—	2	—	—	—	1	1	1	—	2	—	3	1	—
II	—	—	—	2	—	2	—	—	1	1	—	—	2	1	1	—	—	2	—	—
III	—	—	—	1	1	1	2	—	2	—	—	—	1	—	1	2	1	—	—	—
IV	—	1	—	1	1	1	1	—	—	—	1	—	—	—	—	1	—	—	—	—
V	—	—	—	—	2	1	—	—	—	—	—	1	—	1	1	1	1	1	1	—
VI	—	—	1	—	2	—	—	1	2	—	—	1	1	3	1	1	1	—	3	—
VII	1	—	1	—	—	—	1	—	1	1	—	—	2	—	—	2	1	—	2	—
VIII	1	—	—	—	1	—	—	—	—	—	—	—	—	1	1	—	—	1	1	1
IX	—	—	—	—	2	1	1	1	—	2	1	1	—	1	2	—	1	—	—	—
X	—	—	1	1	—	1	—	2	—	2	—	—	—	—	2	1	3	—	1	1
XI	—	—	—	—	2	4	—	1	3	—	—	1	1	2	1	3	—	1	3	1
XIV	1	1	2	1	1	3	—	4	—	1	—	3	2	1	—	2	1	1	—	—
XV	—	1	—	—	—	—	1	—	—	1	—	—	—	2	2	—	—	—	—	—

図 6.1　ボルトキーヴィッチのデータは膨大なプロイセンの公刊された国家統計（この時期は毎年 3 巻の大冊）から集められた。14 の連隊（G は近衛連隊）の 20 年にわたるデータである。（ボルトキーヴィッチ 1898）

　加法モデルがないと、何が見逃されてしまったかをはっきりと示す例を 1 つ挙げよう。1898 年のラディスラウス・フォン・ボルトキーヴィッチの小論文『少数の法則（Das Gesetz der kleinen Zahlen)』に掲載され、1890 年代にプロイセンの膨大な統計から多大な努力をもって集められたかれの有名なデータを考察してみよう。このデータは 20 年間に馬に蹴られて死亡した 14 の連隊における騎兵の数である（図 6.1 参照）。ボルトキーヴィッチはこのようなデータ数が少なく予測が難しい変数の大きな変動は、真の効果を隠してしまうと主張した。そしてかれは同時にみた 280 個の数値が同一に分布しているポアソン変数の集合とよく適合していることを示した。確かにそれは正しかった。しかしボルトキーヴィッチは加法モデルの技法を知らなかった。もしこのデータに応用すれば（ポアソン変数の一般化線型モデルを用いて）連隊ごとの変動だけ

ではなく年ごとの変動性もはっきりと示すことができた。連隊と年の変動は大きくはないが、加法モデルは14プラス20の別々の効果によりそれらの変動をとらえることができる。240の個々の観測値を用いた、この分析によりこれらによる効果を検出でき、あたかもエッジワースの都市においては、家々の屋根をみて変動があったとしても、隆起に沿って、そして段丘に沿ってみることで、隆起と段丘の変位をみることができる。ボルトキーヴィッチは連隊間の変動は存在するが、結局のところ連隊の人数に違いがあるため確率的な変動によって隠されてしまうと予想していたようだ。年ごとの変動は意外な結果であっただろう。

無作為化

デイビッド・コックスは統計学における無作為化の3つの役割をつぎのように記述した。「例えば観測されない説明変数や選択効果による偏りを除去するための道具として。標準誤差を推定する基礎として、そして形式的で正確な有意性検定の基盤として」。最初の役割はもっとも広く一般の人びとに正しく理解され、愛好される文化として定着さえしている。1977年7月発行の漫画本『カンフーの達人』には達人がアルバムを無作為に選択するときの吹き出しに「私は多くのなかから1つを何の意図もせずに選んでいる。知らなければ解放されるのかもしれないが、意図した偏りがなくすがすがしい気分だ」とある。しかし相互に連関している残りの2つの役割は統計学的により難解でさらに重要である。いくつかの方法によって、特に計画、そしてある場合には実際に推論の目的を定義することによって無作為化が推論の基礎となるのはこの2つの役割を通してである。

19世紀の後半、チャールズ・S・パースは標本が無作為であるという事実そのものが推定を可能にすることに気が付いた。かれは帰納を「無作為に抽出された標本から標本全体を推論すること」と定義さえした。1880年代初頭にパースは新設のジョンズ・ホプキンス大学で論理学を教え、実験心理学を研究していた。分野としての実験心理学は実験計画法により生み出されたと主張することもできる。1860年前後のグスタフ・フェッヒナーによるおもりの持ち上げを用いた刺激と感覚に関する初期の研究では、実験計画が定義され、理論上の到達目標に意味を与えた。実験では実験者あるいはアシスタントが2つの小さな容器を連続して持ち上げる。2つの容器のそれぞれに基準のおもりBが入っていて、1つの容器（2つのうちの1つだけ）にはさらに差分のおもりDが入っている。容器を持ち上げた人は持ち上げたときの感覚をもとに、どちらが重いかを考える。どちらがBでどちらが$B+D$なのか。実験はBとDを変え、持ち上げる手を変え、持ち上げる順番を変えて、何百回、何千回と繰り返された。これは正否の手法とも呼ばれる。集められたデータから実験者は正しい判断の確率がDやBによって、そしてどちらの手で持ち上げるかによってどの程度異なるかを推測することができる。今日プロビットモデルと呼ばれる手法を用いると、その確率は$D=0$のときの0.5からDが大きくなるにつれて1.0まで漸近的に上昇する。上昇のスピードは実験条件にともなう感度を測定していることになる。実験なしではこの理論は中身がなく、確かに数量化できない。同様に1870年代にヘルマン・エビングハウスは短期記憶の強さについて、無意味音節を用いた入念な実験計画によって大規模な実験研究を行った。

1884-1885年にパースは実験手法にさらなる前進が求められる一層繊細な問題を研究した。初期の心理学者は2つの感覚の間にはしきい値

が存在し、違いがこのしきい値 [4] 未満であれば、2つの刺激は区別できないと憶測していた。パースはジョセフ・ジャストローとの研究でこの憶測が誤りであることを示す実験を設計した。かれらは2つのおもりが極めて少量の D だけ異なり、一方はもう一方よりもわずかに重いという洗練されたおもり持ち上げ実験を行った。パースとジャストローは重さの比が1.0に近づくと正しい判断の確率は滑らかに [5] 1/2に近づくことを示した。jnd 理論により主張されている不連続なしきい値効果は識別されなかった。

　これがとても注意を要する実験であることは明らかである。おもりを示す順序にごくわずかな偏りがある、あるいは実験者がそれに気付くことでこの計画は絶望的になる。パースとジャストローは判断が盲目的に行われることを確実にするために膨大な予防措置を施し、記録し、1組のよくシャッフルされたトランプを用いておもりを示す順番（重い、軽いのどちらが先か）を完全でかつ厳密に無作為化した。加えてこの研究を通してそれぞれの判断に信頼度 C を加え、その正確さについては $C = 0$（もっとも低い信頼度），1, 2, 3（もっとも高い信頼度）というように記録した。かれらは正しい判断の確率 p が大きくなるほど信頼度は正しい判断の対数オッズ $\log(p/(1-p))$ にほぼ比例して上昇することを発見した。かれらは人びとの勝算（確率）についての見方は対数オッズの尺度を用いればおよそ線形であるという証拠を発見したのだ。この実験の有効性、帰納的結論は無作為化に決定的に依存していた。

　20世紀初頭にフィッシャーはこの研究課題をさらに進めた。先に述べたようにかれは多因子計画における組み合わせ方法の利点を認識して

---

(4)　これをちょうどそれと分かる差異 [jnd: just noticeable difference] とかく。
(5)　1/2との差は引き続き検出される。

第6章 計画

いた。1925年から1930年の5年間、フィッシャーはかれの計画をさらに複雑にするにつれ、このような複雑な設定において無作為化が推論を有効にすることを理解した。もっとも単純な状況において処理とそれと対となる比較対照の無作為なわりつけは分布についての仮定なしに、(異なる対の独立性なしに) 処理の効果の推論を可能にした。「違いがない」という帰無仮説のもとで処理が比較対照を上回る確率が1/2となる場合、無作為化した分布は事例の数の二項分布となる。

　82年間にわたって毎年性別を記録したジョン・アーバスノットの洗礼に関するデータを再考してみよう (第3章参照)。これらのデータは計画された実験から得られたものではない。出生データの代わりに洗礼のデータを用いて男女の出生確率が等しいという仮定のもとで、アーバスノットは男子の出生が女子の出生を82年間上回る確率を 2^{82} 分の1と求めた。出生頻度の評価としてのこの検定は、女子の出生よりも男子の出生の方が教区の記録に洗礼と記される可能性が高いのではないか、そのようなことがなくても洗礼される前の乳児の死亡率は男女で等しいのか、と批判されることがありえる。しかし、かれのデータではこれらの問いに答えることはできない。他に選択肢がなければ、観測が必要な研究においてはこのような仮定を受け入れてきた。ここで男女の洗礼に違いがないという仮説に答えるために無作為に誕生時の性別をわりつけられる実験を (全く理屈に合わないことだが) 想像してみよう。このときにこの仮定のもとで人間が計画した無作為化により1年間に洗礼を受ける男子が多いという確率を0.5としよう[6]。そしてアーバスノットの確率 $(1/2)^{82}$ はこの仮定のもとでデータの発生確率を評価したものである。第1章に戻って考えると、もっと良い検定はさらに集計することだ。

---
(6) 男女同数の確率は1/2より小さい。

82 年間の 938,223 件の洗礼のうち 484,382 件が男子として記録され、それは男女の確率が等しい場合に予想される数（938223 × 0.5=469111.5）よりも標準偏差を $31.53 (= (484382 - 469111.5)/(938223 × 0.5 × 0.5)^{0.5})$ 倍上回り、その生起確率は $(1/2)^{724}$ である。もちろん、アーバスノットには無作為化することはできないし、出生数が等しくないことと記録が等しくないことの区別はまったくつかない。しかし無作為化が可能であれば、推論の根拠を与えることができるのではないだろうか。

　多因子実験では、フィッシャーの無作為化を用いた計画は、いくつかの到達目標を実現してきた。無作為化の行為[7]自体は効果の分離と交互作用について推定を可能にするだけではない。正規性の仮定や材料の同質性の仮定に依存しない方法で有効な推論も可能にする。フィッシャーはかれの検定——さまざまな F 検定——が帰無仮説のもとで球体対称だけを必要条件としていることを理解していた。正規性と独立性を満たしていれば球対称であるが、これらは球対称の必要条件ではない。パースのおもり持ち上げ実験で処理の無作為化が 2 値の変動をもたらしたように、より強い条件を必要とするような手続きが概ね有効になるとはいえ、計画的に行われる無作為化自体は離散化された球対称をもたらしてくれる。この器用な点は広く把握されていたわけではない。ウィリアム・シーリー・ゴセット[8]のような賢明な統計学者でさえも晩年の 1937 年に体系的な実地試験[9]は無作為化された試験よりも良い推定値が得られるが、双方とも正規性の仮定を必要とすると主張した。フィッシャーはゴセットを尊敬していたが、1939 年のかれの死亡記事のなかで「確か

---

(7)　例えばラテン方格のなかからの無作為な選択。
(8)　ステューデントの t 分布の考案者。
(9)　例えばサンドイッチデザイン ABBABBABBA。

に（ゴセットは）無作為化を実行したが、無作為化の必要性、あるいは体系的な計画から得られる実現誤差と推定誤差の両方が、無作為化された同じ区分けから得られるものよりも小さくなることが理論的に不可能であることを一貫して正しく理解していたわけではなかった。おそらくこの特別な失敗は研究がこの点において批判を受けている同僚のための義理立ての表われにすぎないのだろう」と記した。

　これらの手法の普及は遅々とし、また往々にして部分的にすぎなかった。厳密でない形のおおよその無作為化は長く行なわれてきた。1100年以来、造幣局の硬貨検査に使われる硬貨は「でたらめに」つまり意識的な偏りなしに選ばれてきた。1895年にノルウェーの統計学者アンダース・キアエルは「代表標本の抽出」と呼ぶ手法を提唱した。完全な表現とはいえないが、そこでは１つの標本がその母集団のすべての特性を忠実にもつように目的をもって選択されている。

　1934年にイェジ・ネイマンは王立統計協会で影響力のある論文を目にした[10]。ネイマンの論文はキアエルの到達目標を厳密に達成する無作為抽出の理論を発見していた。議論のなかでフィッシャーはこの論文の一部に賛成していた。かれは社会科学への応用における無作為化は標本の選択のみに関するもので、フィッシャーが農業に採用した実験単位の処理が無作為に実施されるものとは一般的に異なっていると留意していた。「実験における無作為化の過程は不幸なことに社会科学的調査においては模倣できない。もしそれが可能であれば、人間に関する事象の原因と結果について現在より多くのことを知ることができるだろう」。その後の20年間にわたって社会科学における無作為抽出は（非侵襲的[11]

---

(10)　これがネイマンとフィッシャーがうわべだけの同僚関係をもつ最後の機会となった。
(11)　侵襲的とは、医学用語で手術や医療処理の際に生体に害を与えるような行為のことをいう（訳者注）。

な方法で)、しばしば部分母集団への着目(層別抽出)、あるいは逐次過程の一部[12]のような変化をともなって、発展してきた。

　フィッシャーの侵襲的な無作為化が主要部に入り込んだ分野がある。それは医学の臨床試験である。ここでは処理の無作為なわりつけはパースがおもりの持ち上げで実行したように、そしてフィッシャーがロザムステッドで実行したように実現可能であり、フィッシャーの研究はオースティン・ブラッドフォード・ヒルの注意を引いた。ヒルの熱烈な支持もあってこの手法は変化に抵抗する医学界にゆっくりとしかし着実に浸透していった。今日、無作為化を用いた臨床試験は、研究者が資金に余裕がないという状況もあり、医学実験におけるもっとも基準となる方法となった。

　無作為化された計画が広く実施されているもう1つの分野が残っている。この分野はこのような表現で言及されることはなく、しばしば非難されている。それは宝くじである。宝くじは、無作為化を社会の動的な変化と発展の過程に導入し、無作為化の結果を引き受ける能力のある個人へとわりつけている。ある者にとって宝くじは娯楽であり、またある者にとっては愚かさに対する課税である。しかし宝くじは長い歴史をもち、衰える兆候をみせず、そして科学にもたらす恩恵も注目に値する。

　フランスの宝くじは先行するジェノヴァの宝くじをまねて1757年に創設された。1794年から1797年までフランス革命の恐怖政治のために中断したが、1836年に廃止されるまで続いた。通常の場合、1から90までの数字を記した90個のボールのなかから5つのボールが無作為に抽出され、1度選ばれたボールは戻されない方法がとられた。参加者は5つ全て(quine)あるいは4つ(quaterne)、3つ(terne)、2つ(ambe)、1

---

(12)　例えば「スノーボールサンプリング」。

図 6.2 くじのスタッフのための 1800 年版解説書における記入済のくじ券面の図解サンプル。顧客が 6 つの数字を指定し、その数字の 5 つの全ての部分集合に対して、異なる賞それぞれに異なる金額を賭ける場合に、あいまいなところなく数字を記載し、記録し、組み合わせの券の価格を計算する方法を示している。

つ(extrait)の数字を特定する。選んだ数字が 5 つの抽選番号のどの番号であろうとその抽選順に関係なく参加者の勝ちである。不正行為の恐れがあるため quine に賭けることは許されない場合が時々あった[13]。しかし、許可されるときは 1,000,000 倍が払い戻された[14]。もっと頻繁に起こる結果に対してのオッズはもっと良かった。extrait は 15 倍を払い戻し[15]、ambe は 270 倍、terne は 5500 倍、quaterne は 75,000 倍を払い戻した。

参加者は通常いくつかのくじを同時に行った。例えば図 6.2 に示したくじ券では参加者は 3, 6, 10, 19, 80, 90 の 6 つの数字に賭けていて、6 通りの extrait に各 25 サンチーム、15 通りの ambe に各 15 サンチーム、

---

(13) 買収された代理人が抽選結果を知ってから券を売るかもしれない。
(14) 公平な賭であれば 44,000,000 倍が払い戻されるはずである。
(15) 18 倍であれば公平である。

20通りのterneに5サンチーム、15通りのquaterneに各5サンチーム、6通りのquineに各5サンチーム、全体で5フラン5サンチームを賭けている。全ての払い戻しは固定された予定表により決まり、王により保証されていた。王を守るため、現代のやり方では国家を守るためのパリミューチュエル方式[16]のプールはなかった。表示された日付の実際の抽選結果は19, 26, 51, 65, 87であった。このくじ券は1つのextraitしか当たらなかったので25×15=375サンチーム、つまり3フラン75サンチームが払い戻され、1フラン30サンチームの損失となった。抽選結果が2, 6, 19, 73, 80であれば、この券は1つのterne（6, 19, 80）、3つのambe（6と19, 6と80, 19と80）、3つのextraitで5500×5＋3×270×10＋3×15×25＝367フラン25サンチームになる。

はじめ、この宝くじは陸軍士官学校の支援に貢献した。1811年までに純利益は国家予算の4％に達し、これは郵便税や関税よりも大きかった。1810年頃の売上げのピーク時には宝くじは1000以上の出張所で販売され、1カ月に15回の抽選が、5つの都市で行われた（パリ市民はそのどれにも参加できた）。フランス革命の期間も、ルイ16世とマリー・アントワネットの処刑の際にも抽選は中断されずに続けられ、恐怖政治により宝くじの払い戻しが行われないのではないかという不信をまねいたときにだけ一時的に延期された。しかし2年後に新しい政権が財源を必要としたために再開され、ナポレオン戦争の間も衰えずに、1836年に道徳的見地から廃止されるまで抽選は続いた。これは大規模な真の無作為化だった。

宝くじの歴史において当選番号は広く公表され、抽選の無作為さの検証が可能であった。6,606個の利用可能な抽選番号は検定には十分な数

（16） 全賭け金をプールして興業主が一定割合を差し引いた残りをくじの参加者に分配する。

であり、数の同一検定を含む、すべての可能な検定に宝くじは合格した。驚くべきことではないが、少しでも目にみえる偏りがあれば参加者を助けるだけで、宝くじは損害を受けてしまう。

　宝くじの社会的な貢献の1つは数学教育の水準の向上である。参加者は賭の評価を知るために組み合わせ論を学習し、宝くじは当時の多くの教科書で取り上げられた。また、宝くじの管理者は販売店が上述のような複数の賭に対して適正な価格を付けられるように大量の出張所員を教育しなければならなかった（管理者はその目的のために図6.2のような特別な教科書を作成した）。

　もう1つの恩恵として、宝くじはそれとは気付かれなかったが、もっとも初期の科学的なランダムな社会調査でもあった。フランス革命後の期間、当選番号が公表されただけではなく、quaterne以上の当選が全て公表された。これらの記録には払い戻し額（そこから賭けた金額も分かる）と、くじ券が売られた場所と営業所の番号がある。これらの当選者はquaterneに賭けた人びとのなかから真に無作為に選択されている。そのためこの調査により、フランスのどこで宝くじへの関心が高かったか（パリでは当然のこと、関心は国中で高かった）、そしてどのように宝くじの魅力が時代と共に変化したかを概観できる。この後者の質問についていえば最後の20年間には宝くじの着実な減少がみられ、利益がこの大きな事業を維持するのに必要な水準を下回ったときにだけ「道徳問題」がもちあがり、政策を支配するとしか思えない結果であった。

第7章
残　差

科学的論理、モデルの比較、そして診断の方法

　第7本目の、そして最後の柱を残差と呼ぶことにしよう。それは標準的なデータ分析の構成要素である。しかしそれが意図するところはその意味にとどまらず、広く古典的な話題を科学的論理という観点から展開しようと思っている。

　ジョン・ハーシェルの父、ウイリアム・ハーシェルは天王星の発見者であり、ジョンは父を引き継いで天文学に従事した。しかし、父が第2の仕事として音楽家であった一方、ジョンは数学と科学哲学を研究し、その時代にもっとも名誉あるそして尊敬される科学者の1人となった。1831年に出版され広く読者に読まれ、影響を与えた著書『自然哲学研究に関する予備的考察』のなかで科学的発見の過程を議論している。ジョンはかれが残差の現象と呼ぶものを特に重視した。

> 複雑な現象は、いくつかの原因が同調するか、対立するか、または互いに完全に独立して同時に作用することで、複合的な効果を生み出している。そして、その複雑な現象は、既知の原因による効果を除去し、またその性質に応じて、演繹的推論により、または経験に訴えることにより単純化できる。その結果、いうなれば説明されるべき**残差の現象**が残される。今日、発達した状態においても科学が推進されるのは、事実この過程による。自然が示す多くの現象は大変に複雑である。すべての既知の原因の効果を正確に見積り、それを除いたとき、残った

事実はまったく新しい現象の形で常に現れ、そしてもっとも重要な結論へと導いてくれる。

　歴史的な観点からは、ジョン・ハーシェルが1例としてエーテルを選んだことは不運としかいいようがない。かれはこのような推論の結果としてエーテル[1]が「発見」されたとしている。エーテルは宇宙を満たしていて、光を運ぶとともに、ニュートン理論では説明がつかないいくつかの例外の原因であると信じられていた。人類はいまだにこのエーテルを探している。しかし、科学の原理は、有効で重要だ。説明を試み、そして何がまだ説明されていないかをみることで学ぶことができる。

　ハーシェルの木に影響を受けた人びとのなかには、科学者となるきっかけを与えられたチャールズ・ダーウィン、そして1843年に『論理学体系』を出版したジョン・スチュアート・ミルがいる。ミルはその本でハーシェルの考えは実験的研究の4つの方法のなかでもっとも重要であると説明した。かれはハーシェルの与えた名前を少し変え、それを「剰余法」と呼び、ミルは「自然の法則を探索するすべての方法のなかで、これがもっとも予期せぬ実りをもたらしてくれる。観測者の注意を引き付けるには原因も結果もそれ自体としては十分に目立ってはいないような、そういった継起関係[2]を、ときとしてわれわれに教えてくれることがある」と記している。

　大きくとらえればこの考え方は古典的である。しかし、統計学ではこの考え方を発展させ新しく強力な科学的方法として作り上げ、そして科学の実践を変えてきた。この考えの統計的解釈、そしてそれに関連する

---

(1)　後にこれは発光性のエーテルと呼ばれるようになる。
(2)　前に起きた事象とそれに続く事象の関係（訳者注）。

科学的方法は、新しい学問分野に力を与えてきた。統計的方法とは、仮説モデルによってデータを生成する過程を記述し、そしてそのモデルとデータとの間のかい離を、略式[3]によるか、または簡単なモデルとより複雑なモデルを比較する正式な統計的検定[4]を用いて分析することである。

　もっとも初期の例として、小さく、焦点を絞った入れ子型モデルがある。そこでは、ある理論はそれよりもわずかに複雑な理論と比較された。もっとも単純で原始的な例は第1章で紹介した18世紀の地球の形についての研究である。基本となるモデルでは地球は球体である。このモデルを検定するために、地球を楕円体とする少しだけ複雑なモデルを構築した。ここで楕円体は球体の両極を押しつぶすか、引き伸ばすかしたものである。地球から球体を除き、残りの部分の方向をみることが出発点となり、どちらかが分かれば、それが行くべき方向である。しかし、それをどのようにすれば良いのだろうか？　そのようなテストをするためにはどのように地球を測定すればよいのだろうか？　18世紀には子午線の弧に沿って連続した短い弧の長さを測定する方法が採られた。A が緯度 L での1度の弧の長さであり、そして地球が球体であれば、A はすべての緯度で同じ長さである。それを $A = z$ としよう。しかし、地球が楕円体であれば、そのときの良い近似は $A = z + y \sin^2(L)$ である。また、もし地球が両極を押しつぶした、または引き伸ばしたかたちであれば、$y > 0$ か $y < 0$ であるはずだ。したがって、異なる緯度について一連の弧の測定が得られれば、$\sin^2(L)$ が増えるに従い、$y = 0$（すなわち $A = z$）の式との残差が上昇傾向にあるか、下落傾向にあるか、それとも傾向が

---

[3]　グラフとか表を用いる方法。
[4]　一方がもう一方の特別な場合であるという2つの「入れ子型」モデルを比較する。

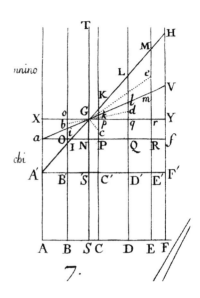

図 7.1　1770 年の出版物からボスコヴィッチ自身が描いた図。XY は球体にあたる直線、a,b,c,d,e の 5 つのデータポイントは線分 XY からの残差を示している。GV はボスコヴィッチがかれのアルゴリズムから得た線であり、XY からの残差の傾斜を示す。(メールとボスコヴィッチ 1770)

ないということが問題となる。極の近くの 1 度は赤道近くの 1 度に比べて長かったのだろうか、それとも短かったのだろうか？

　図 7.1 は、ルジェル・ヨシブ・ボスコヴィッチ自身が描いたもので、球体（$A = z$、z はデータの弧の長さの平均）にあたる直線が XY である。a, b, c, d, e の 5 つのデータは XY からの残差である。横軸は AF であり、$A = 0$ から $F = 1$ までの $\sin^2 L$ の値をとっている。縦軸は AX であり、弧の長さ A の値をとっている。ボスコヴィッチがかれのアルゴリズムにより発見した線は、これらの 5 つの点の重心 G を通り、線からの垂直方向の偏差の絶対値の和を最小化する線であり、GV で示される。これにより XY からの残差は正の傾きをもっている。つまり地球は極方向に押しつぶされていることが分かる。

この状況は入れ子が1回のもっとも単純なモデルであり、$A = z$ は $A = z + y \sin^2(L)$ の特別な場合である。これは1つの回帰式を別なものと比べる初期の例であり、$\sin^2(L)$ は新しい「説明変数」として加えられている。ボスコヴィッチは確率について言及していないが[5]、かれが用いた基本的な方法は、それ以降のモデルの妥当性についての統計的探求の大きな柱となった。

　このような入れ子型モデルは自然な形で物理科学に登場した。より単純なモデルがより複雑化され、そして局所的な近似として線形化され、1つかそれ以上の項が式に加えられてきた。実験誤差次第であるが、測定は式の異なる点に対して行われる。そして1805年以降、最小二乗法の技術的進歩は比較を容易にした。追加の項がゼロか否か？　惑星運動について1700年代のニュートン力学による2体運動のモデルに3体の引力を導入しようとレオンハルト・オイラー、ジョゼフ＝ルイ・ラグランジュ、そしてピエール・シモン・ラプラスが別々の方法で試みた。かれらの研究は残差の効果を観測することから始まった。土星と木星の軌道が正確に測定された。より長い時間間隔でより精密な調査によるデータが得られるに従い、過去数世紀にわたり、木星は加速し、土星は減速していることが明らかになった。これらの巨大な物体が不安定な軌道をもつことは太陽系にとって良い前兆とはならない。しかし、この変化は太陽、木星、土星の3体の引力の副産物に過ぎないのではという疑念もあった。オイラーとラグランジュは重要な進展をもたらしたが、この研究に終止符を打ったのはラプラスであった。ラプラスは運動方程式を高次の項に展開し、実際の運動がこれらの高次の項の効果と整合的であるかどうかをテストできるように高次項をグループ化する方法をみつけた。

---

[5]　したがって、y の推定に付随する不確実性の予測を与えていない。

ラプラスの発見は、観測された速度の変化が、これら2つの惑星の平均運動（360度／公転周期）の比がほぼ5:2であることに起因する約900年周期の運動の変化の一部にすぎないことである。残差分析が太陽系を救ったのだ。
　これらの研究は追随する多くの人びとの手本となった。1820年までに、有意性検定か、または少なくとも説明のできない差異と追加係数の確率誤差（$p.e$）の推定値との間の比較を用いていくつかの比較が行われた。1825年から1827年までのラプラスによる月の運行についての大気潮汐の研究はこの種の方法を用いている（第3章）。この手法は、非入れ子型モデル同士の比較においては簡単な道筋を提供しない。この場合，一方のモデルが他方の残差をさし引いた形では表現されないからである。しかし同時に、この本質的な哲学的難問に対する一般に受け入れられた方法もまたない。すなわち「より単純な」の意味はモデルの記述からは簡単には得られない。
　1900年ごろから物理科学の分野で用いられていた線形方程式が社会科学の分野においても新しい方法として適用されるようになると、同じ道をたどることは自然であった。一組の「説明」変数を特定し、さらにいくつかの線形の変数を加え、有意な差が生じるかどうか？　それらの項がゼロと統計的に違わないかどうかを判断する。初期段階で十分に解明された例に1899年のG・ウドニー・ユールの「貧困の法則」と呼ばれる英国の福祉システムに関する研究がある。その内の1つは貧困の水準と困窮者救済額の関係について調査している。困窮者への救済は貧困の水準を上げただろうか、それとも下げただろうか？　かれは1871年と1881年のデータを比べ、地方のある地区において「福祉」を受けている割合がその地区の「貧困状態」（貧困の水準）の10年間の変化に

図 7.2 貧困状態の変化に対するユールの重回帰方程式 (ユール 1899)

> used. Then suppose a characteristic or regression equation to be formed from these data, in the way described in my previous paper, first between the changes in pauperism and changes in proportion of out-relief only. This equation would be of the form—
>
> $$\left.\begin{array}{l}\text{change in pauperism}\\=A+B\times\text{(change in proportion of out-relief)}\\ \text{where A and B are constants (numbers)}\end{array}\right\} \quad (1)$$
>
> This equation would suffer from the disadvantage of the possibility of a double interpretation, as mentioned above: the association of the changes of pauperism with changes in proportion of out-relief might be ascribed *either* to a direct action of the latter on the former, *or* to a common association of both with economic and social changes. But now let all the other variables tabulated be brought into the equation, it will then be of the form—
>
> $$\left.\begin{array}{l}\text{change in pauperism}=\\a+b\times\text{(change in proportion of out-relief)}\\+c\times\text{(change in age distribution)}\\+d\times\\+e\times\\+f\times\end{array}\right\}\text{changes in other economic, social, and moral factors} \quad (2)$$
>
> Any double interpretation is now—very largely at all events—excluded. It cannot be argued that the changes in pauperism and out-relief are both due to the changes in age distribution, for that has been separately allowed for in the third term on the right; $b\times$ (change in proportion of out-relief) gives the change due to this factor *when all the others are kept constant*. There is still a certain chance of error depending on the number of factors correlated both with pauperism and with proportion of out-relief which have been omitted, but obviously this chance of error will be much smaller than before.

与える影響を測定しようとした (図 7.2 参照)。それは異なる自治区の異なる時点のデータを用いた単純な回帰であるが、ユールは他の経済的要因も変化することに気が付いていた。そこでこの問題を残差の現象として再構築した。データが手に入る他の経済要因の影響を補正したとき、その関係はどうなったのであろうか？ 長期間にわたり、注意深く微妙な差異の分析を行うことで、これら 2 つの変数の間に正の関係をみつけた。

　この結果の解釈と相関から原因を推測する難しさは、(ユールにより

慎重に書き留められているように）今以上に盛んに論じられていた。しかし、これは社会科学の研究における新しい時代の始まりと認識された。この手法は多くの厄介な問題に直面した。（ユールはどんな複雑な関係に対してももっとも近い線形近似を推定したと述べたが）線型の式には疑問の余地があった。そして「説明変数」の間の相互関係について、その解釈で大変な混乱が生じていた。それは慎重に用いれば、強力な説明力をもつ方法であった。依然として1つの重要な進展を除いては、方法は線形の最小二乗法に限られると思われた。その進展とはパラメトリックなモデルの導入である。

　ロナルド・A・フィッシャーのもっとも把握しにくい革新の1つがパラメトリックモデルの明示的な使用であった。この革新についてはかれ自身がそれに注意を払っていないので容易に見逃してしまう。しかし、新しい理論数理統計学を導入したフィッシャーの1922年の基本的な論文には、パラメータという言葉がそこかしこに散らばっていた一方で、フィッシャーと他の人たちによる初期の統計的な研究にはほとんどみることはできなかった。カール・ピアソンの包括的で特定されていない母集団分布 $f(x)$ は、（ことによると多次元の）パラメータ θ の滑らかな関数となっている分布族 $f(x;\theta)$ に置き換えられた。これによりフィッシャーは推定や検定の問題に制限と構造を与え、以前は不可能であった数学的分析を可能とした。思い返せば、初期の最小二乗の線形モデルはパラメトリックモデルの特別な場合としてとらえることができる。しかし、フィッシャーの拡張はより一般的で、予期せぬ理論的な成果を生み出した。

　1928年から1933年に出版された論文で、イェジ・ネイマン、そしてカール・ピアソンの息子のエゴン・S・ピアソンはフィッシャーの革新

を取り上げ、それを当初からモデルを検定するために設計された、仮説検定という手法に変えた。もっとも強力な成果は、ネイマン – ピアソンの補題（一様最強検出力検定）として広く知られている。これはパラメータが完全に特定されているときに限り、2つの非入れ子型モデルの比較にさえ解を与えてくれる。ここで完全に特定されているとは、推定するパラメータが未知でなく、データが標本分布 A からか、標本分布 B からかという直接問題（direct question）であることを意味している。より一般化したものが尤度比検定であり、ここでは検定は明確に残差の形である。検定はパラメトリックな分布族がこれを含むもっと広い分布族に対抗できるかどうかの比較であるとみることができる。もちろん、広い分布族は大きな柔軟性のためにさらによく適合する可能性がある。しかし、このようにして得られた柔軟性による改善はその使用を正当化するには十分であろうか？　特に、われわれに期待を抱かせる可能性以上の改善をもたらすのだろうか？

　単純な例で、カール・ピアソンが 1900 年に研究した問題を考えてみよう。フランク・ウェルドンは、偶然をより良く理解するための英雄的な奮闘を行い、1 度に 12 個のサイコロを投げ、12 個のサイコロを 1 つのグループとしたときにサイコロの目が 5 ないしは 6 となる数を数えた。全体で 26,306 回の実験を繰り返し、1 つのサイコロを振った総数は、12 × 26,306 = 315,672 となった。ピアソンの表の「観察値の頻度（Observed Frequency）」の列がその結果である。

　これに必要な手間の目安として、私の授業の 1 つを履修していたザック・ラビーの数年前の再現実験を報告しよう。かれはそれを機械化した。正規の 12 個のサイコロが入った箱を振り、つぎにサイコロが静止するのを待ち、コンピュータがその結果を写真に収めるのである。そしてコ

ンピュータはその写真をデータに変換する。1回の試行には約20秒かかる。機械は昼夜を問わずに動き続け、26,306回の試行を終了するのに1週間を要した。1人ですべての試行を繰り返すことを想像してほしい。1つの報告書でウェルドンは妻に手伝って貰ったと記している。結婚することのストレスを感じてしまう。

　ウェルドンの実験の論点は実際の世界はどれほど理論に近いかをみることである。それぞれの試行で0、1、…12の13通りの結果が可能である。サイコロが正確に公平で、完全に独立して振られれば、理論は「5または6」が出る確率は1回の試行で12個のサイコロそれぞれに3分の1であることを示している。12個のうちのk個が「5または6」である2項確率は Prob(5または6の数 = k) = $\binom{12}{k}\left(\frac{1}{3}\right)^k\left(\frac{2}{3}\right)^{12-k}$ である。「理論上の頻度 (Theoretical Frequency)」の列はこれらの確率に26,306をかけた値のリストである。

　1900年より前に(また1900年であっても)、この問題を適切に扱うことは非常に難しかった。データは13次元の空間の点として与えられ(図7.3のピアソンのm')、そしてそのような構造は統計の世界では馴染みがなかった。総計で26,306個の試行の組は2項モデルを棄却しなければならないほどにその理論値(ピアソンのm)からかけ離れているのだろうか? そしてその仮説が棄却されれば、そのときは何を支持しているのだろうか? その当時の優秀な分析家(例えば、フランシス・エッジワースとピアソン)は、13次元(表では13の行)のそれぞれを別々にみることは正しくないと考えていた。しかしそのときに何をするべきだろうか? カイ二乗検定の導出によるピアソンの解決策は1900年に起きた真に劇的な進歩であった。複数の検定をすべて同時に行う方法の

No. of Dice in Cast with 5 or 6 Points.	Observed Frequency, m'.	Theoretical Frequency, m.	Deviation, e.
0	185	203	− 18
1	1149	1217	− 68
2	3265	3345	− 80
3	5475	5576	−101
4	6114	6273	−159
5	5194	5018	+176
6	3067	2927	+140
7	1331	1254	+ 77
8	403	392	+ 11
9	105	87	+ 18
10	14	13	+ 1
11	4	1	+ 3
12	0	0	0
	26306	26306	

図 7.3　ウェルドンのサイコロのデータ。ピアソンによる。(ピアソン 1900)

最初の登場である。1 つの検定に 13 次元を含むことは、13 の問題が含まれているという事実だけではなく、13 の間の明確な依存関係も調整する方法があることを意味する。一連の観測値が 1 つの次元において理論から大きく離れているとき、他の次元でも理論から大きく離れている可能性が高い。5 も 6 も全く起こらなければ、その他の目の出る頻度が高くなければならない。カイ二乗検定は単純なモデルを非常に幅の広い他の説明の集合に対して検定していることになる。ここで他の説明には、26,306 の試行が独立である限りにおいてはすべての可能な他の 2 項分布、そしてすべての 2 項分布以外の分布も含まれている。

　ピアソンの行った検定ではデータは単純なモデルと整合的ではなく、何かが起こっていることを示している。そしてデータは、「5 または 6」が現れる頻度は「3 回振るごとに 1 回」の割合よりも高いことを示している。

Group.	m'.	m.	e.	e^2/m.
0	185	187	− 2	·021,3904
1	1149	1146	+ 3	·007,8534
2	3265	3215	+ 50	·777,6050
3	5475	5465	+ 10	·018,2983
4	6114	6269	−155	3·991,8645
5	5194	5115	+ 79	1·220,1342
6	3067	3043	+ 24	·189,2869
7	1331	1330	+ 1	·000,7519
8	403	424	− 21	1·040,0948
9	105	96	+ 9	·841,8094
10	14	15	− 1	·666,6667
11	4	1	+ 3	9
12	0	0		0

図7.4 ウェルドンのサイコロのデータ。ピアソンは $\theta = 0.3377$ を用いて理論値 m を再計算した。(ピアソン 1900)

データそれ自体が「5または6」である比率は $106{,}602/315{,}672 = 0.3377$ であり、わずかに 1/3 よりも大きい。ピアソンはつぎに一般2項仮説の検定を試みた。それは $\text{Prob}\{5\text{または}6\text{である数}=k\}=\binom{12}{k}(\theta)^k(1-\theta)^{12-k}$ であり、$\theta = 1/3$ を強要するのではなく、$\theta = 0.3377$ として理論値を計算すると当てはまりの度合いは改善した（図7.4参照）。

実際に、新しく計算された列 m はカイ二乗検定に合格している。フィッシャーは1920年代の初頭に、自身の新しいパラメトリックモデルの概念をもとに、本質的にはデータに理論値を選択させていることをピアソンが考慮していない点が間違いであると指摘した。しかし、この場合のエラーは致命的ではなく、結論は「自由度」の減少というフィッシャーの修正と整合性が保てている。

ピアソンは θ が 0.3377 と大きい理由として、その当時の多くの場合、

そしてその後においても、それぞれのサイコロは本当にわずかな材料をえぐり取られ、変形した目をもっていたので、たとえそれがわずかな量であったとしても5と6の面は6つの面のうちでもっとも軽い部分だと推測した。その後の1世紀の間、その推測は正しく、それを聞いたすべての人が納得したように思えた。しかしラビーが同じようなサイコロで実験を再現したとき、驚くべきことが起きた。ウェルドンとその妻は「5または6」、または「5でも6でもない」しか記録していなかったが、ラビーはコンピュータを使って、サイコロの6つの可能な結果それぞれの回数を得ていた。ラビーは（ピアソンと同様に）結果が単純な仮説のようにはいかないことを発見した。「5または6」になるサイコロの割合は0.3343であった。そして、もっとも頻繁に出現する面はまさに6であった。しかし、驚いたことに2番目に多く出現する面は1であった。そしてこれは別の説明を示唆した。6と1の面はそれぞれのサイコロの反対側の面である。サイコロは立方体ではない可能性がある。これら2つの面は他の反対側の対になる面と比べて互いが近いに違いない。おそらくサイコロは分厚い正方形のコインのようで、1と6が表と裏、他の面は側面なのだろう。ラビーがサイコロを正確なカリパスで測定すると、結果はこの推測と整合的だった。かれのサイコロは1-6の軸が0.2%だけ短かったのだ。

　ピアソンの検定は残差法の実用に新しい統計手法の展望を開いた。自由度の問題に対するフィッシャーの修正とさらに複雑なパラメトリックモデルへのさまざまな拡張によって、ある複雑な仮説をさらに複雑な仮説のオムニバスに対して、1回で検定することが可能になったのである。1970年代には、一般線形モデルが導入された。ここに取り入れられた尤度の考え方は非常に柔軟性をもち、標準線形モデルと分散分析だけで

はなく、あらゆる種類のパラメータ化された集計データに拡張でき、そしてこのプラットフォーム全体で入れ子型モデル内での検定の使用にも拡張することができた。

　この拡張はパラメトリックモデルに限られた話ではない。私が想像するに残差の検定にまず必要なものは、追加部分をパラメトリックにとらえることだという洞察をデイビッド・コックスはもっていた。基本となるモデルはノン・パラメトリックでもよい。すなわち、単純なモデルとそれを特別な場合として含む複雑なモデルとを比較するという概念を用いることは、「単純なモデル」は単純である必要がないということである。それはかなり複雑でもよく、実際、十分に特定化されている必要すらない。本当に必要な要件は、追加の部分がパラメトリックであることである。そうすることで説明力の増加を厳密に検定するための強力なパラメトリックな手法を使用できる。ときとして部分尤度法と呼ばれるコックスの方法は、生存時間データ分析やその他の薬学への応用において、コックス回帰モデルが使用されることで大きな影響を与えている。

診断と他の作図

　統計学で残差の分析という用語がもっとも一般的に現れるのはモデル診断（残差の描画）においてである。統計学者の間では回帰モデルをあてはめた後に、あてはまりを評価し、そのパターンがモデリングのつぎの段階に何を示唆しているのかをみるために残差（観測値マイナス理論値）を図で表すことはよく用いられる方法である。例えば、図 7.5 は 2 つの残差を表していて、最初は、ガラパゴス諸島の $n = 23$ の島について、記録された固有種の数 S、面積 A、それぞれの島のもっとも高い所の標

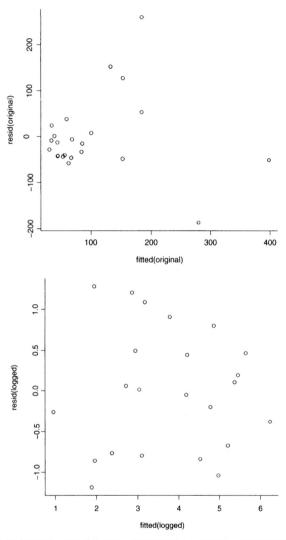

図 7.5 ガラパゴスのデータの残差の図。上はオリジナルの尺度、下は対数尺度に変換後。

高 E を記録したデータに対して $S = a + bA + cE$ の回帰を行った。目的は A と E が種の多様性 S にどのような影響を与えるかを理解することである。この回帰モデルから得られる 23 個の残差は差 $S - \hat{s}$ であり、$\hat{s}$ はそれぞれの島の $a + bA + cE$ の値であり、a, b, c は最小 2 乗推定値である。$\hat{s}$ に対する $S - \hat{s}$ の図は $\hat{s}$ が大きくなると変動が増加するという関係を示唆している。そこで変数の対数をとることでより理論的に理解しやすいモデル $\log S = a + b \log A + c \log E$ が得られる。これは 2 番目の残差の図である。2 番目のモデルは $S \propto A^b E^c$ の乗法の関係を表現している。この分析の 1 つの結論は、ガラパゴスがダーウィンの調査にとっては素晴らしい場所である一方、種の多様性に対しての面積効果と標高効果を分離するには不適切なところであるということを明らかにしたことである。大まかな近似では、諸島は火山円錐丘であり、E は A の平方根に大まかに比例している。そのために、対数表記の変数をみてみると $\log A$ と $\log E$ は近似的に直線関係にある。効果を分離するためには別のデータが必要である。

　統計のグラフィクス処理には長い歴史がある。1700 年代には興味深い応用が発見されているが、本当に花咲くのは 1900 年代である。そして、コンピュータの時代になってから、その使用はときには数千の絵が一言の価値しかなくなるまで爆発的に増えた。装飾の役にしか立たない図（今日使用されるもののかなりの割合である）を除外すると、少し単純化しすぎているが、残りすべては修辞学[6]の道具かあるいは診断と発見の道具のどちらかに分類することができる。残差のグラフ表現は後者に属するが、現在の残差の拡張された定義を用いれば、実のところ、すべての診断のグラフはある程度は残差の図である。つまらない円グラフでさえ

---

(6) 　レトリック。表現に磨きをかけること、またはその技術（訳者注）。

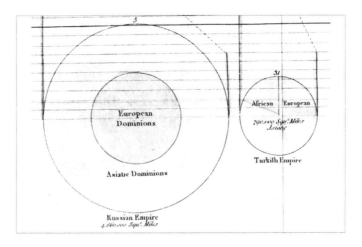

図 7.6　最初のパイチャート（プレーフェアー 1801）

も装飾以上の価値をもつとき、それはさまざまな部分にある不均一性の度合いを示す方法である。同じ大きさの部分を基準値として、そこから図が離れていくことで大きさの違いを表現することもできる（図 7.6 参照）。

　1852 年に、ウィリアム・ファーは 1848–1849 年にイングランドを襲ったコレラの流行についての研究の一部として、変わった種類の円グラフを発表した。かれは感染拡大の原因となるしくみを発見したかったのである。そして、いくつかの変数をそれぞれの年について円の周りに描いた。図 7.7 は 1849 年のデータを示している（元のグラフは色付きである）。外側の円は死亡数を表している。基準となる円は流行時を除外して平均した年間死亡数を週あたりにしたものである。死亡総数を中心からの距

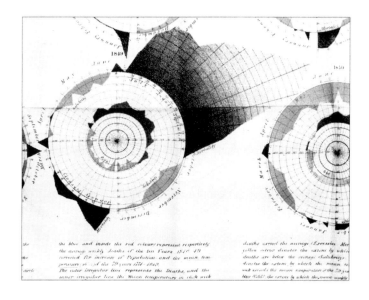

図 7.7　1849 年のコレラの流行についてのファーの円グラフ（ファー 1852）

離としてそれぞれの週のデータについて印を付けている。1849 年の 7 月から 9 月の間は非常に多くの死亡数を示している。5 月と 11 月の平均以下の死亡数は薄い陰で表現されていて、外側の円の内側にへこんでいる。1849 年の 7 月 − 9 月のひどいコレラの流行はこのページからはみ出しそうである。ファーは原因が空気感染であるとみていたが、図からはそのような答えは得られない。その後になって、この疾病の感染の媒体は水であることが研究論文で議論されていたので、かれは納得した。内側の円は基準値であり週間の温度の平均値を表している。円そのものは年間平均気温を表している。そして 6 月から 9 月までの比較的高い温

度はコレラの流行に先行している。総合すると、疾病と天候の間に明確な関係が存在する。どちらの図も残差の現象を示している。

　ファーの図はもう1つの重要な結果をもたらした。フローレンス・ナイチンゲールはファーからアイデアを得て、英国野戦病院の衛生状態を刷新するために奮闘するなかで、大きな表現的効果を期待してファーの図を使用した（図7.8参照）。

　クリミア戦争の間、ナイチンゲールはクリミア近くのトルコのスクタリで陸軍病院に勤務していた。そして高い死亡率は戦いによる負傷からではなく、コレラのような疾病と、十分ではない衛生環境によることを知っていた。対照的に、英国内の陸軍病院はそのような問題に取り組んでいて、良い結果を得ていた。ナイチンゲールはイギリスに帰り、野戦病院における「高い基準」が必要であることを公衆に訴えた。そしてファーの図の描き方を用いてロンドン市内と近郊の陸軍病院の平均死亡率を基準値にすると、スクタリとクラリの2都市が死亡率で大きなくさび形であることを示した。基準値は点線の小さな円で示されていて、くさび形よりも非常に小さい。ナイチンゲールはファーの図を1カ所変更したが、それは驚くべきことである。ファーは死亡率を中心からの距離で示したのに対して、ナイチンゲールはくさび形の面積で示した。すなわち、死亡率の平方根を中心からの距離としたのである。（これは当時としては大変に手間のかかる作業であった。私はデータを用いて高さを再計算してみた。ナイチンゲールは確かに必要なことを行っていたのである）。

　ファーの図が与える印象は人を惑わすものであり、死亡率が2倍になると、面積は4倍になってしまい、見た目の印象は過大になる。ナイチンゲールの図はこの欠点を排除していて、誤解を与えない。皮肉なことに、

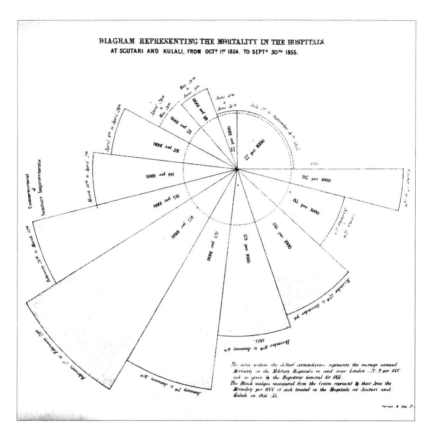

図7.8 ナイチンゲールのダイアグラム。クリミア戦争時の陸軍病院の死亡率（ナイチンゲール1859）

ファーは発見を目指して図を描いたが、誤解を生む図を作成した。一方でナイチンゲールは表現的効果を得る目的で図を描いたが、誤解を生まない図を作成していた。両者ともに平均からの残差に着目していた。

結論

　7本の柱は統計的英知を第1に支援し、それ自体が英知を構成するわけではない。これらは少なくとも20世紀前半まで、そしてそのいくつかは古代にまでさかのぼることができる。長い活用が自らの力量を証明しているが、必要に応じて新しい使用に自らを適応させてもきた。これらは統計の科学としての土台であり、最初のそして今でも傑出したデータ科学である。また、その科学の知的な分類学としてみることもできる。コンピュータ科学、そして完全な独自性をまだ獲得できていない新しい科学という、その他の情報科学の良きパートナーでもある。それにもかかわらず、これらは今もなお画期的な考え方である。誤用されると危険であり、なじみのない領域に使用が広がるとき敵対的な反響を引き起す可能性もある。これら7本の柱はどれも時代遅れになってはいない。しかし今の時代にはこれらに付け加える何かが必要であるかと問うことができる。8番目の柱が必要だろうか？　そしてもしそうであるならば、終わりは何だろうか？　この質問への統計的手法は、データ、すなわちこれら7本の柱を見直して、どのような答えが示唆されるかをみることである。

　第1の柱は集計である。これは本質的に情報の廃棄を含んでいる。また、経済の再編成を表現するヨーゼフ・シュンペーターの「創造的破壊」の行為を含んでいる。これはこの行為のもう1つの見方である。このような使用とは別に、最終的な科学的目標を支援しない（さらに損なう

情報を廃棄するには、原理にもとづく必要がある。例えそうだとしても、個別の特性をみえなくすることで非難される可能性がある。一方で別の観点からはそれが目標の一部である。個人の特性をもたない「個人医療情報システム」を開発できるだろうか？　ある統計の問題では、関連する情報を喪失させずにデータを要約する十分統計量という概念が適用可能である。しかし、ビッグデータの時代ではこの適用がしばしば不可能であるか、またはその背後にある仮説が支持できない状態にある。このような懸念を打ち消すことが統計的英知を支えるためには必要な部分である。

　2番目は、情報とその測定である。統計学においてその意味は信号処理にみられるものとは異なる。情報の利得の減衰率がどのように予定される使用と関連するのか、そして、実験と集計形態の両方の計画をこれはどのように支援するのかという理解を、情報は集計と連携して助けてくれる。信号処理では情報の通過は永久に一定の割合を維持できる。統計学では、信号からの情報の蓄積の割合は減少しなければならない。同等にみえる情報のブロックが統計分析では同じ価値にはならないと認識することは逆説である。

　3番目は尤度である。推論をキャリブレートし、不確実性を測る尺度を与える確率の使用はとりわけ危険で、そしてとりわけ有益である。尤度の使用には前向きな活用への細心の注意と理解が必要であるが、その見返りも大きい。そのようなもっとも単純な使用は有意性検定である。まるで特定の使用よりもむしろその企てが非難されている証拠であるかのように、誤解を招く使用の例は枚挙に暇がない。しかし、過去1世紀にわたる尤度の使用の増加は、ある命題を支持、あるいはこの命題に反する事実の要約を尤度によりキャリブレートする必要がある証拠である。

不完全に使用すれば、その要約が判断を誤らせる。一般に公正妥当と認められている標準に対するキャリブレーションの試みに承知しない口先だけの要約は、判断を誤らせるさらに大きな傾向があり、それに目をつぶるべきではない。尤度は結論の尺度を導くだけではなく、分析、集計の方法、そして情報の蓄積の割合の指針となる。

　4番目は相互比較である。それは内部基準を与え、そして手元にあるデータから純粋に結論とその重要性を判断する方法を与えてくれる。それはもろ刃の剣である。外部基準を要求しないことにより結論から妥当性がすべて失われてしまうかもしれない。注意と知性を活用するとき6番目の柱の計画と相まって、相互比較は、いくつかの高い次元の状況を理解するための魔法の道筋を生み出すことができると言っても過言ではない。

　5番目の柱は回帰で、非常に精巧である。それは統計分析における相対性原理である。異なる立場から疑問を呈することは、思いもよらない洞察だけではなく、分析を構成する新しい枠組みを提供する。その精巧さは1880年代にあった発見の時代の終わりまでに証明された。この考え方は単純な多変数の構造ではない。それは本物の多変量分析として使用され、解体され、組み立て直される方法である。原始的なかたちの逆確率は比較的古いが、1880年代以前は一般に推論を表現する構造、特にベイズ推定はなかった。初期の試みはグライダーによる飛行に例えることができる。どんなに運がよくても、それはゆっくりと落ちていく。しかし、理想的な状況での限られた領域では飛行できるという幻想が生まれてしまう。1880年代の発展では、基本的にどのような状況においても舞い上がるために、そして、初期の何人かの探検家が致命傷となった事故や不可能を排除するために、飛行に動力が供給された。20世紀

にはさらに大きく発展し、この理解に由来する方法が旅行を高い高度へ、そしてさらに高い次元へ、日常的な交通手段をいまだ実現されたことのない妙技へと押し上げた。

　6番目の柱の計画も、精巧さと大きく関連する。計画には高次のデータを研究するためのモデルを構築する能力が必要である。また、そのときには多数の要素を同時に考慮しなければならず、そしてモデルへの依存を最低限に絞りながら、無作為化により推論の基礎を構築する必要がある。

　最後の柱である残差は、複雑なモデルを比較する論理であり、高次のデータを研究する手段である。また、図を用いた同じ科学的論理による分析手法でもある。これは今日もっとも必要とされている柱であるが、数世紀が過ぎ去った今でも疑問に直面したときの答えの幅はほとんど広がっていない。8番目の柱の潜在的な必要性がみられるのはまさにここかもしれない。

　かつて無いほどの大きなデータ集合は答える必要のある多くの質問をもたらし、そして現代の計算に要求される柔軟性が、われわれの答えの確実性を判断するためのキャリブレーション能力を超えてしまうだろうとさらなる困惑ももたらしている。いくつかの選択肢、または良く構築されたパラメトリックモデルに注意を限ったときには安心がある。しかし、多くの状態で安心はみつからないか、幻想である。例えば、(1) データが数多くの異なる事例から構成されている場合の、それぞれの事例について多次元の測定が行われているビッグデータにおける予測あるいは分類の定式化、(2) 巨大な多重比較の問題、(3) 予備的な科学的調査の最終段階で少なくとも部分的には質問の焦点が絞られた分析、の3つの問題について考えてみよう。

1番目は高次元の研究に固有の問題である。20の特徴について反応を測定し、その予測を構築することを考えてみよう。予測の判断材料は20次元の空間だ。これは機械学習ではよくある問題である。20次元の空間はどれくらい大きいのだろうか？　それぞれの予測判断材料の幅を四分位点に分割すると、20次元の空間は4^{20}の異なる部分に分割される。もし10億の個別の事例があれば、平均でそれぞれ1000個の部分につき1個の事例しかない。確信のもとに築かれる実験基盤はほとんどない！そこで、どのような合理的な分析も高い制約をもった仮定をもたなければならない（ぜひもつべきである、暗黙的であったとしてももつべきである）。それはたぶん低次元のパラメトリックモデル、または少なくともデータはある低次元の部分空間に近いと仮定されることを意味する。このような仮定のもと、機械学習の領域では多くの優秀なアルゴリズムが考案されている。一般に優秀なものは、ある事例にはうまく適用できるという限定されたもので、全般的に適用可能という事実はほとんどない。1つの例として、いわゆるサポートベクターマシンがある。統計学者グレース・ワバはサポートベクターマシンが特定のベイジアンの手続きの近似とみなせることを示した。その結果、うまく機能する理由と時期を解明し、それを拡張する方法についての知識を大きく増やしている。しかし、一般の問題への適応は今でも非常に難しい。

　2番目の問題の多重比較では、われわれは潜在的に非常に多くの検定をするという状況に置かれている。分散分析では、これは多くの要因の効果の比較であり、信頼区間を用いた非常に多くの対比較が行われている。ゲノム研究では、数千の異なるサイトに互いに独立ではないバラバラな有意性検定を行う。信頼区間、有意性検定を用いて行う確率のキャリブレーションは、ただ1つの対、または1つの状況だけで利用できる

のであれば適切である。しかし、50万というような極端に多いなかから対（状況）が選ばれているのであれば有効ではない。ジョン・W・テューキーそしてヘンリー・シェッフェにより、そのような選択を埋め合わせる目的で設計された手段は、すなわち信頼区間の幅の拡大のような結果の表現を弱める手段は、完全な答えではないと、1960年代にすでに認識されていた。1965年にデイビッド・コックスはこの困難の一部を理解していた。「非常に多くの計算結果について同時的な正確さをもつ確率を計算できるという事実は、この確率とこれらのうちの1つの計算結果について不確実性の尺度とが関連しているということを通常は意味していない」。（テューキーとシェッフェのような）全体の修正は手元にあるデータの異常な状態を調整できないし、保守的すぎる可能性があると、コックスは記している。偽発見率のような現代的な概念が開発されているが、しかし問題は難しいままである。

　3番目の問題は、焦点が絞られた問題が分析の後半で生じる場合である。この問題は最初の2つと関連があるが、しかしより一般的である。小さなデータの問題であっても、取るべき道筋は多数あり、ある観点からは、事実上の深刻なデータ苦境に陥るほど多い。かつて1885年にアルフレッド・マーシャルはこの問題を認識し、つぎのように記した。「すべての理論家のなかでもっとも無謀で決してあってはならないのは、事実と数字にすべてを語らせると明言し、それらを選び、グループ化し、そして前後即因果の誤謬（post hoc ergo propter hoc）に陥った論拠を示す際に、おそらく無意識に、自ら演じた役割を背後に隠しておく者である」。アンドリュー・ゲルマンはこの問題を1941年のホルヘ・ルイス・ボルヘスの話のタイトルから言葉を借りて「八岐の園」と表現した。それは、（データ、方向、そして質問の種類についての）多くの選択をし

ながら曲がりくねった道をたどった後で、有意性の最終評価を考慮せずに、ある結論がかなり確かであると判断されるときである。ビッグデータはときとしてそのような庭園である。キャリブレーションは庭園のかのそれぞれの枝分かれ地点で質問の焦点を絞ればいまだに有効であるが、しかし外部からの見方をうまく伝達できるだろうか？

　私は8番目の柱の場所を特定したが、しかし、それが何であるかは言わない。それは、ある特定の質問に部分的に答えるために、多くの手法が開発されてきたところにある。この柱は確かに存在するが、しかし認められるために必要な一般的な評価を引き付ける全体的な構造はまだない。歴史の示唆するところでは、これは簡単に、または一足飛びで実現できはしない。すべての生きた科学には謎の領域がある。天文学の暗黒エネルギーと暗黒物質；物理学のひも理論と量子理論；コンピュータ科学のP≠NP予想；数学のリーマン予想などだ。現在の7本の柱はもっとも難しい問題に対してでさえも少なくとも部分的には解決の助けになることができる。統計学は生きた科学であり、これら7つの支援は強い。われわれは挑戦の時代に入る。他の分野と強く連携し、挑戦するだけの能力があるという大きな期待をもっている。

謝　辞

　本書を最初に思い付いたのは10年前であった。しかし思ったよりもずっと長い時間がかかってしまった。この遅れは新しい領域に広げるため、そして別の観点から他を再考するための機会を提供した。本書のいくつかの考えは多くの機会で何年にもわたって発表していて、私は多くの人びとから建設的なコメントをいただき恩恵を受けてきた。それらの方々はダビッド・ベルハウス、バナード・ブリュ、デイビット・R・コックス、パーシ・ダイアコニス、アマルティア・K・ダッタ、ブラッド・エフロン、マイケル・フレンドリー、ロビン・ゴング、マルク・ハリン、ピータ・マカラー、シャオリ・モン、ビクトール・パネレトス、ロバート・リチャード、ユージン・セネタ、ミカエル・スタイン、クリス・ウッズ、そしてサンディ・サベルである。2014年8月のアメリカ統計協会の会長招待講演に招いてくれたナット・シュンカーに心より感謝をしている。そこで現在の枠組みを形作った。それでもこの計画は私の辛抱強い編集者、マイケル・アロンソンと私の辛抱強い妻、バージニア・スティグラーの励ましがなければ終えることができなかっただろう。

訳者あとがき

　アルファーゴは無敵なのか？　AIの将来は？　IBMワトソンでは何ができるのか？　データサイエンスとは？　こんな疑問が頭から離れなくなったなら、統計学とは何だろうかと問うてみることだ。それは単に確率とは何か？　確率論とは？　はたまた確率論と統計学の違いを問うているのではない。もっと人間臭く、深く、そして哲学的ともいえる豊かな問いだ。それはこれからデータサイエンティストを目指す若者であろうが、データ分析ですでに30年以上の経験を積んだベテランであろうが関係ない。

　かつて人類の歴史の中で、今ほどに自由にデータが手に入る時代はない。そんな時、データサイエンティストには何が求められているのだろうか？　もちろんデータ科学を駆使できる力は間違いない。新たな発見をエンジニアリングできる力も必要だろう。だがその前に必要な力はもちろんビジネスを理解する力だ。この理解力があってこそ、データの処理能力、解析力、そして説明力が生かされるのだ。しかし、そうだとしてもどうやってこのような力を身に着けたらよいのだろうか？　こうやって見てみると、必要な知識は単に1つの分野にかたよってはいないのだと分かる。

　論理的思考とデータを組み合わせる分析は確かに頼りになる。しかし、ビッグデータに論理的思考を組み合わせてしまったら、ただ単に膨大な空間ができてしまうだけだ。どんなに強力なCPUでも、GPUでも、は

たまた量子コンピューターであろうと、そんな巨大な空間を処理出来るわけがない。つまり、私たちはついに歴史に学べない時代にたどり着いたのか？　先人たちにはこんな経験はないのだろうか？　歴史からは答えが得られないのだろうか？

　先人たちは賢明にもできないことはできないと分かっていた。だから、そのことが原点に違いない。とりあえずはできる範囲にしぼってみたらどうだろう。しかしそれが正しいとしても、これには効率的で、力ずくの探索力が必要だ。本書は幸運にも1つ1つの問いにたいして答えを与えてはくれない。くれるのは示唆だけだ。限界と可能性が見いだされれば、道を開くには十分なのだと知らされる。

　もしあなたが金融関連のデータサイエンティストならCAPMがノーベル賞に輝き、裁定価格理論がそうでない理由について考えたことがあるのではないだろうか？　一般的にはCAPMは裁定価格理論の特別な場合と考えられているからだ。しかしその答えは本書の第1章にある。1860年代に価格指数の考えを提案した人がいたのだ。そして彼の議論は明快だ。「データの個別性は目立たないところに押しやられるべきなのだ。…もし、一般的な傾向が明らかになるのであれば、観測は1つの集まりとして取り扱われるべきである」。これは、「価格を動かす個別の理由はたいして重要ではない。大事なのは一般的な傾向だ」といっている。これこそが、CAPMがノーベル賞で裁定価格理論がそれに値しない理由なのだ。市場はそんなに単純ではないし、親切でもない。もしだれかが、あなたに近づいて雄弁に因果関係を語りながら収益機会を教えてくれたなら、あざけりながら無視すればよい。そして言い返してやればよい。「そんなにうまい話があるのなら、あなたがたんまり儲けて、私に一部をください」と。

訳者あとがき

　第6章には面白い記述がある。1926年のR・A・フィッシャーの言葉である。「自然に1つだけ質問をすると、しばしばいくつかの他のトピックが議論されるまで回答は拒絶される」。これの意味するところはなんだろう。それは、一対一の因果関係を考えるよりも複数の要因を同時に考えた方がよいということだ。この考え方は多因子分析の重要性を説いたものだが、この考え方をさらに進めれば、今まさに話題を提供しているディープラーニングに大きな可能性があるのだとわかる。金融業界でよく使われる一対一の因果関係などばかばかしいにも程がある。例えば上昇トレンドが現れるにはいろいろな要因が考えらえる。しかし、そのトレンドが継続するためには1つの要因だけでは長続きしない。複数の要因が必要だ。それも複雑に絡み合いながら入れ代わり立ち代わり変化する要因だ。そして複数の要因がほぼ同時に起こるときにだけ、多因子分析が有効だ。しかし、トレンドの発生は、多因子分析で説明がつくほど、親切ではない。複雑に絡み合い、かつ要因が入れ替わるような状況では、ディープラーニングが有利だろう、というような想像を本書は駆り立ててくれる。そして、注意点も与えてくれる。与えられたデータを駆使する分析からは錯覚を受けやすいのだと。このように、本書によって、未経験であれば30年後に本書と出会って本当によかったと思うだろうし、ベテランにとってはいままでに経験したことのない頭の潤滑油を手に入れたことになる。

　本書では統計学の7本の柱について論じられている。歴史に実証されてきたその1本1本の有効性は今後も色あせることはないだろう。しかし読者の方々はそれぞれの経験からそれぞれの柱に肉付けはできるし、強化もできる。独自の太い柱に成長させることだってできる。真に必要なら新しい柱を加えていけばよい。著者は8番目の柱を見つけたといっ

て本書を締めくくっている。

　しかし、こんな本書でも、不満がある。それは日本の製造業の成功の理由について触れていない点だ。それはまさに統計学のおかげなのだ。QCサークルもデミング賞も本書で取り上げてほしかった。でもそれは日本では周知の事実だからがまんしよう。

　翻訳の過程で多くの方々に、特にドナルド・ヒュース（Donald Huse）には大変お世話になった。ここに感謝を申し上げる。また、本書の版権を獲得した後藤康徳氏の眼力には驚かされると同時に、我々に翻訳を任せてくれたことを心から感謝する。翻訳は3名により行われた。本書を3分割し、それぞれが担当の章を翻訳し、その後で3名でそれぞれの翻訳をチェックした。毎日が学習の日々であった。熊谷と山田は学術的観点から意見を述べ、森谷は実務家としての意見を述べた。その点で、本書に監訳者はいない。しかし、本書の翻訳に何か不備があれば最終的なまとめをしたのは森谷であるので、すべての責任は森谷にある。

　本書が、未来の技術革新、開発途上の国々のインフラ整備、飢餓に苦しむ人びとの明日の食料生産、そして明日に大志を抱く若き人びとへの投資にすこしでも役に立てばとこころから切に願う。

森谷　博之

参考文献

Adrain, Robert (1808). Research concerning the probabilities of the errors which happen in making observations, etc. *The Analyst; or Mathematical Museum* 1(4): 93-109.

Airy, George B. (1861). *On the Algebraical and Numerical Theory of Errors of Observations and the Combination of Observations.* 2nd ed. 1875, 3rd ed. 1879. Cambridge: Macmillan.

Arbuthnot, John (1710). An argument for Divine Providence, taken from the constant regularity observ'd in the births of both sexes. *Philosophical Transactions of the Royal Society of London* 27: 186-190.

Bartlett, Maurice (1937). Properties of sufficiency and statistical tests. *Proceedings of the Royal Society of London* 160: 268-282.

Bayes, Thomas (1764). An essay towards solving a problem in the doctrine of chances. *Philosophical Transactions of the Royal Society of London* 53: 370-418. Offprint unchanged, but with title page giving the title as "A method of calculating the exact probability of all conclusions founded on induction."

Bellhouse, David R. (2011). *Abraham de Moivre: Setting the Stage for Classical Probability and Its Applications.* Boca Raton, FL: CRC Press.

Berkeley, George (1710). *A Treatise Concerning the Principles of Human Knowledge, Part I.* Dublin: Jeremy Pepyat.
　──ジョージ・バークリ著『人知原理論』岩波書店（1958年）

Bernard, Claude ([1865] 1957). *An Introduction to the Study of Experimental Medicine.* Translated into English by Henry Copley Greene, 1927. Reprint, New York: Dover.

―――クロード・ベルナール著『実験医学序説』岩波書店（1938年）

Bernoulli, Daniel (1735). Recherches physiques et astronomiques sur le problème proposé pour la seconde fois par l'Académie Royale des Sciences de Paris. Quelle est la cause physique de l'inclinaison de plans des orbites des planètes par rapport au plan de l'équateur de la révolution du soleil autour de son axe; Et d'où vient que les inclinaisons de ces orbites sont différentes entre elles. In *Die Werke von Daniel Bernoulli: Band 3, Mechanik*, 241-326. Basel: Birkhdäser, 1987.

Bernoulli, Daniel (1769). *Dijudicatio maxime probabilis plurium observationum discrepantium atque verisimillima inductio inde formanda*. Manuscript. Bernoulli MSS f. 299-305, University of Basel.

Bernoulli, Jacob ([1713] 2006). *Ars Conjectandi*. Translated into English with introductory notes by Edith Dudley Sylla as *The Art of Conjecturing*. Baltimore: Johns Hopkins University Press.

Borges, Jorge Luis ([1941, 1942] 1998). *Collected Fictions*. Trans. Andrew Hurley. New York: Penguin.

Boring, Edwin G. (1919). Mathematical vs. scientific significance. *Psychological Bulletin* 16: 335-338.

Borough, William (1581). *A Discours of the Variation of the Cumpas, or Magneticall Needle*. In Norman (1581).

Bortkiewicz, Ladislaus von (1898). *Das Gesetz der kleinen Zahlen*. Leipzig: Teubner.

Boscovich, Roger Joseph (1757). De litteraria expeditione per pontificiam ditionem. *Bononiensi Scientiarum et Artium Instituto atque Academia Commentarii* 4: 353-396.

Box, Joan Fisher (1978). *R. A. Fisher: The Life of a Scientist*. New York: Wiley.

Bravais, Auguste (1846). Analyse mathématique sur les probabilités des erreurs de situation d'un point. *Mémoires présents par divers savants à l'Académie des Sciences de l'Institut de France: Sciences mathématiques et physiques* 9: 255-332.

Byass, Peter, Kathleen Kahn, and Anneli Ivarsson (2011). The global burden of coeliac disease. *PLoS ONE* 6: e22774.

Colvin, Sidney, and J. A. Ewing (1887). *Papers Literary, Scientific, &c. by the late Fleeming Jenkin, F.R.S., LL.D.; With a Memoir by Robert Louis Stevenson.* 2 vols. London: Longmans, Green, and Co.

Cox, David R. (1965). A remark on multiple comparison methods. *Technometrics* 7: 223-224.

Cox, David R. (1972). Regression models and life tables. *Journal of the Royal Statistical Society* Series B 34: 187-220.

Cox, David R. (2006). *Principles of Statistical Inference.* Cambridge: Cambridge University Press.

Crombie, Alistair C. (1952). Avicenna on medieval scientific tradition. In *Avicenna: Scientist and Philosopher, a Millenary Symposium*, ed. G. M. Wickens. London: Luzac and Co.

D. B. (1668). An extract of a letter, written by D. B. to the publisher, concerning the present declination of the magnetick needle, and the tydes. *Philosophical Transactions of the Royal Society of London* 3: 726-727.

Dale, Andrew I. (1999). *A History of Inverse Probability.* 2nd ed. New York: Springer.

Darwin, Charles R. (1859). *The Origin of Species by Means of Natural Selection, or The Preservation of Favored Races in the Struggle for Life.* London: John Murray.
　──チャールズ・ダーウィン著『種の起源』

Darwin, Francis, ed. ([1887] 1959). *The Life and Letters of Charles Darwin.* 2 vols. New York: Basic Books.

De Moivre, Abraham (1738). *The Doctrine of Chances.* 2nd ed. London: Woodfall.

Didion, Isidore (1858). *Calcul des probabilités appliqué au tir des projectiles.* Paris: J. Dumaine et Mallet-Bachelier.

Edgeworth, Francis Ysidro (1885). On methods of ascertaining variations in the rate of births, deaths and marriages. *Journal of the [Royal] Statistical Society* 48: 628-649.

Edwards, Anthony W. F. (1992). *Likelihood.* Exp. ed. Cambridge: Cambridge

University Press.

Efron, Bradley (1979). Bootstrap methods: Another look at the jackknife. *Annals of Statistics* 7: 1-26.

Eisenhart, Churchill (1974). The development of the concept of the best mean of a set of measurements from antiquity to the present day. 1971 A.S.A. Presidential Address. Unpublished. http://galton.uchicago.edu/~stigler/eisenhart.pdf.

Englund, Robert K. (1998). Texts from the late Uruk period. In Josef Bauer, Robert K. Englund, and Manfred Krebernik, *Mesopotamien: Späturuk-Zeit und Frühdynastische Zeit*, Orbis Biblicus et Orientalis 160/1, 15-233. Freiburg: Universitätsverlag.

Farr, William (1852). *Report on the Mortality of Cholera in England*, 1848-49. London: W. Clowes and Sons.

Fienberg, Stephen E., and Judith M. Tanur (1996). Reconsidering the fundamental contributions of Fisher and Neyman on experimentation and sampling. *International Statistical Review* 64: 237-253.

Fisher, Ronald A. (1915). Frequency distribution of the values of the correlation coefficient in samples from an indefinitely large population. *Biometrika* 10: 507-521.

Fisher, Ronald A. (1918). The correlation between relatives on the sup position of Mendelian inheritance. *Philosophical Transactions of the Royal Society of Edinburgh* 52: 399-433.

Fisher, Ronald A. (1922). On the mathematical foundations of theoretical statistics. *Philosophical Transactions of the Royal Society of London* Series A 222: 309-368.

Fisher, Ronald A. (1925). *Statistical Methods for Research Workers.* Edinburgh: Oliver and Boyd.
　　——R.A.フィッシャー著『研究者の為の統計的方法』荘文社（1952年）

Fisher, Ronald A. (1926). The arrangement of field trials. *Journal of Ministry of Agriculture* 33: 503-513.

Fisher, Ronald A. (1935). *The Design of Experiments.* Edinburgh: Oliver and Boyd.

──R.A.フィッシャー著『実験計画法』荘文社（1954年）

Fisher, Ronald A. (1939). "Student." *Annals of Eugenics* 9: 1-9.

Fisher, Ronald A. (1956). *Statistical Methods and Scientific Inference.* Edinburgh: Oliver and Boyd.

　　　──R.A.フィッシャー著『統計的方法と科学的推論』岩波書店（1962年）

Friedman, Milton (1957). *A Theory of the Consumption Function.* Princeton, NJ: Princeton University Press.

　　　──ミルトン・フリードマン著『消費の経済理論』巌松堂（1961年）

Galen ([ca. 150 CE] 1944). *Galen on Medical Experience.* First edition of the Arabic version, with English translation and notes by R. Walzer. Oxford: Oxford University Press.

Galton, Francis (1863). *Meteorographica, or Methods of Mapping the Weather. London*: Macmillan.

Galton, Francis (1869). *Hereditary Genius: An Inquiry into Its Laws and Consequences.* London: Macmillan.

　　　──フランシス・ゴールトン著『天才と遺伝』早稲田大学出版部（1916年）

Galton, Francis (1875). Statistics by intercomparison, with remarks on the law of frequency of error. *Philosophical Magazine* 4th ser. 49: 33-46.

Galton, Francis (1877). Typical laws of heredity. *Proceedings of the Royal Institution of Great Britain* 8: 282-301.

Galton, Francis (1879). Generic images. *Proceedings of the Royal Institution of Great Britain* 9: 161-170.

Galton, Francis (1883). *Inquiries into Human Faculty, and Its Development.* London: Macmillan.

Galton, Francis (1885). Opening address as president of the anthropology section of the B.A.A.S., September 10, 1885, at Aberdeen. *Nature* 32: 507-510; Science (published as "Types and their inheritance") 6: 268-274.

Galton, Francis (1886). Regression towards mediocrity in hereditary stature. *Journal of the Anthropological Institute of Great Britain and Ireland* 15: 246-263.

Galton, Francis (1888). Co-relations and their measurement, chiefly from anthropological data. *Proceedings of the Royal Society of London* 45: 135-145.

Galton, Francis (1889). Natural Inheritance. London: Macmillan.

Gavarret, Jules (1840). *Principes généraux de statistique médicale.* Paris: Béchet jeune et Labé.

Gellibrand, Henry (1635). A Discourse Mathematical on the Variation of the Magneticall Needle. London: William Jones.

Gilbert, William ([1600] 1958). *De Magnete.* London: Peter Short. Reprint of English translation, New York: Dover.

――W.ギルバート著『磁石（および電気）論』仮説社（2008年）

Goldberger, Arthur S. (1972). Structural equation methods in the social sciences. *Econometrica* 40: 979-1001.

Gosset, William Sealy (1905). The application of the "law of error" to the work of the brewery. *Guinness Laboratory Report* 8(1). (Brewhouse report, November 3, 1904; with board endorsement, March 9, 1905.)

Gosset, William Sealy (1908). The probable error of a mean. *Biometrika* 6: 1-24.

Greenfield, Jonas C. (1985). The Seven Pillars of Wisdom (Prov. 9:1): A mistranslation. *The Jewish Quarterly Review*, new ser., 76(1): 13-20.

Hanley, James A. (2004). "Transmuting" women into men: Galton's family data on human stature. *American Statistician* 58: 237-243.

Herschel, John (1831). *A Preliminary Discourse on the Study of Natural Philosophy.* London: Longman et al.

Herschel, John (1857). *Essays from the Edinburgh and Quarterly Reviews.* London: Longman et al.

Hill, Austin Bradford (1965). The environment and disease: Association or causation? *Proceedings of the Royal Society of Medicine* 58: 295-300.

Hume, David (1748). Of miracles. In *Philosophical Essays Concerning Human Understanding*, essay 10. London: Millar.

Hutton, Charles (ca. 1825). *A Complete Treatise on Practical Arithmetic and Book-*

Keeping, Both by Single and Double Entry, Adapted to Use of Schools. New ed., n.d., corrected and enlarged by Alexander Ingram. Edinburgh: William Coke, Oliver and Boyd.

Jenkin, Fleeming (1867). Darwin and *The Origin of Species*. *North British Review*, June 1867. In Colvin and Ewing (1887), 215-263.

Jevons, William Stanley (1869). The depreciation of gold. *Journal of the Royal Statistical Society* 32: 445-449.

Jevons, W. Stanley (1874). *The Principles of Science: A Treatise on Logic and Scientific Method.* 2 vols. London: Macmillan.

Jevons, William Stanley (1882). The solar-commercial cycle. *Nature* 26: 226-228.

Johnson, Michael P., and Peter H. Raven (1973). Species number and endemism: The Galapagos Archipelago revisited. *Science* 179: 893-895.

Kang, Kathy, and Eugene Seneta (1980). Path analysis: An exposition. *Developments in Statistics* (P. Krishnaiah, ed.) 3: 217-246.

Köbel, Jacob (1522). *Von Ursprung der Teilung.* Oppenheym.

Kruskal, William H., and Frederick Mosteller (1980). Representative sampling IV: The history of the concept in statistics, 1895-1939. *International Statistical Review* 48: 169-195.

Labby, Zacariah (2009). Weldon's dice, automated. *Chance* 22(4): 6-13.

Lagrange, Joseph-Louis. (1776). Mémoire sur l'utilité de la méthode de prendre le milieu entre les résultats de plusieurs observations; dans lequel on examine les avantages de cette méthode par le calcul des probabilités, & où l'on résoud différents problêmes relatifs à cette matière. *Miscellanea Taurinensia* 5: 167-232.

Lambert, Johann Heinrich (1760). *Photometria, sive de Mensura et Gradibus Luminis, Colorum et Umbrae.* Augsburg, Germany: Detleffsen.

Laplace, Pierre Simon (1774). Mémoire sur la probabilité des causes par les évènements. *Mémoires de mathématique et de physique, présentés à l'Académie Royale des Sciences, par divers savans, & lû dans ses assemblées* 6: 621-656.

Translated in Stigler (1986b).

Laplace, Pierre Simon (1810). Mémoire sur les approximations des formules qui sont fonctions de très-grands nombres, et sur leur application aux probabilités. *Mémoires de la classe des sciences mathématiques et physiques de l'Institut de France* Année 1809: 353-415, Supplément 559-565.

Laplace, Pierre Simon (1812). *Théorie analytique des probabilités.* Paris: Courcier.

――P.S.LAPLACE著『ラプラス 確率論 −確率の解析的理論−』共立出版（1986年）

Lawrence, T. R. (1926). *Seven Pillars of Wisdom.* London.

――T.E.ロレンス著『完全版 知恵の七柱（全5巻）』平凡社（2008年）

Legendre, Adrien-Marie (1805). *Nouvelles méthodes pour la détermination des orbites des comètes.* Paris: Firmin Didot.

Loterie (An IX). *Instruction à l'usage des receveurs de la Loterie Nationale, établis dans les communes de départements.* Paris: L'Imprimerie Impériale.

Maire, Christopher, and Roger Joseph Boscovich (1770). *Voyage Astronomique et Géographique, dans l'État de l'Église.* Paris: Tilliard.

Marshall, Alfred (1885). The present position of economics. In *Memorials of Alfred Marshall*, ed. A. C. Pigou, 152-174. London: Macmillan, 1925.

――アルフレッド・マーシャル著『マーシャル経済学論集』宝文館（1928年）

Matthews, J. Rosser (1995). *Quantification and the Quest for Medical Certainty.* Princeton, NJ: Princeton University Press.

Mill, John Stuart (1843). *A System of Logic, Ratiocinative and Inductive.* 2 vols. London: John W. Parker.

――J.S.ミル著『論理學體系：論證と歸納：證明の原理と科學研究の方法とに關する一貫せる見解を述ぶ』春秋社（1949年）

Morris, Susan W. (1994). Fleeming Jenkin and *The Origin of Species*: A reassessment. *British Journal for the History of Science* 27: 313-343.

Newcomb, Simon (1860a). Notes on the theory of probabilities. *Mathematical Monthly* 2: 134-140.

Newcomb, Simon (1860b). On the objections raised by Mr. Mill and others against Laplace's presentation of the doctrine of probabilities. *Proceedings of the American Academy of Arts and Sciences* 4: 433-440.

Newcomb, Simon (1886). *Principles of Political Economy.* New York: Harper and Brothers.

Neyman, Jerzy (1934). On two different aspects of the representative method. *Journal of the Royal Statistical Society* 97: 558-625.

Neyman, Jerzy, and Egon S. Pearson (1933). On the problem of the most efficient tests of statistical hypotheses. *Philosophical Transactions of the Royal Society of London* Series A 231: 289-337.

Neyman, Jerzy, and Egon S. Pearson (1936). Contributions to the theory of testing statistical hypotheses: I. Unbiassed critical regions of Type A and Type A_1. *Statistical Research Memoirs* (ed. J. Neyman and E. S. Pearson) 1: 1-37.

Neyman, Jerzy, and Elizabeth L. Scott (1948). Consistent estimates based on partially consistent observations. *Econometrica* 16: 1-32.

Nightingale, Florence (1859). *A Contribution to the Sanitary History of the British Army during the Late War with Russia.* London: John W. Parker.

Norman, Robert (1581). *The Newe Attractiue.* London: Richard Ballard.

Patwardhan, K. S., S. A. Naimpally, and S. L. Singh (2001). *Lilavati of Bhaskaracarya.* Delhi: Motilal Banarsidass.

Pearson, Karl (1900). On the criterion that a given system of deviations from the probable in the case of a correlated system of variables is such that it can be reasonably supposed to have arisen from random sampling. *Philosophical Magazine* 5th ser.50: 157-175.

Pearson, Karl, ed. (1914). *Tables for Statisticians and Biometricians.* Cambridge: Cambridge University Press.

Pearson, Karl, Alice Lee, and Leslie Bramley-Moore (1899). Mathematical contributions to the theory of evolution VI. Genetic (reproductive) selection: Inheritance of fertility in man, and of fecundity in thoroughbred racehorses.

Philosophical Transactions of the Royal Society of London Series A 192: 257-330.

Peirce, Charles S. (1879). Note on the theory of the economy of research. Appendix 14 of *Report of the Superintendent of the United States Coast Survey* [for the year ending June 1876] Washington, DC: GPO.

Peirce, Charles S. (1957). *Essays in the Philosophy of Science.* Ed. V. Tomas. Indianapolis: Bobbs-Merrill.

Peirce, Charles S., and Joseph Jastrow (1885). On small differences of sensation. *Memoirs of the National Academy of Sciences* 3: 75-83.

Playfair, William (1801). *The Statistical Breviary.* London: T. Bensley.

Price, Richard (1767). *Four Dissertations.* London: Millar and Cadell.

Pumpelly, Raphael (1885). Composite portraits of members of the National Academy of Sciences. *Science* 5: 378-379.

Secrist, Horace (1933). *The Triumph of Mediocrity in Business.* Evanston, IL: Bureau of Business Research, Northwestern University.

Senn, Stephen (2003). *Dicing with Death: Chance, Risk and Health.* Cambridge: Cambridge University Press.

──スティーヴン・セン著『確率と統計のパラドックス』青土社（2005年）

Shafer, Glenn (1996). *The Art of Causal Conjecture.* Appendix G, 453-478. Cambridge, MA: MIT Press.

Simpson, Thomas (1757). An attempt to shew the advantage arising by taking the mean of a number of observations, in practical astronomy. In *Miscellaneous Tracts*, 64-75 and plate. London: Nourse Press.

Stigler, Stephen M. (1980). An Edgeworth curiosum. *Annals of Statistics* 8: 931-934.

Stigler, Stephen M. (1984). Can you identify these mathematicians? *Mathematical Intelligencer* 6(4): 72.

Stigler, Stephen M. (1986a). *The History of Statistics: The Measurement of Uncertainty before* 1900. Cambridge, MA: Harvard University Press.

Stigler, Stephen M. (1986b). Laplace's 1774 memoir on inverse probability. *Statistical Science* 1: 359-378.

Stigler, Stephen M. (1989). Francis Galton's account of the invention of correlation. *Statistical Science* 4: 73-86.

Stigler, Stephen M. (1990). The 1988 Neyman Memorial Lecture: A Galtonian perspective on shrinkage estimators. *Statistical Science* 5: 147-155.

Stigler, Stephen M. (1999). *Statistics on the Table.* Cambridge, MA: Harvard University Press.

Stigler, Stephen M. (2003). Casanova, "Bonaparte, " and the Loterie de France. *Journal de la Société Française de Statistique* 144: 5-34.

Stigler, Stephen M. (2005). Fisher in 1921. *Statistical Science* 20: 32-49.

Stigler, Stephen M. (2007). The epic story of maximum likelihood. *Statistical Science* 22: 598-620.

Stigler, Stephen M. (2008). Karl Pearson's theoretical errors and the advances they inspired. *Statistical Science* 23: 261-271.

Stigler, Stephen M. (2010). Darwin, Galton, and the statistical enlightenment. *Journal of the Royal Statistical Society* Series A 173: 469-482.

Stigler, Stephen M. (2012). Karl Pearson and the Rule of Three. *Biometrika* 99: 1-14.

Stigler, Stephen M. (2013). The true title of Bayes's essay. *Statistical Science* 28: 283-288.

Stigler, Stephen M. (2014). Soft questions, hard answers: Jacob Bernoulli's probability in historical context. *International Statistical Review* 82: 1-16.

Stigler, Stephen M., and Melissa J. Wagner (1987). A substantial bias in nonparametric tests for periodicity in geophysical data. *Science* 238: 940-945.

Stigler, Stephen M., and Melissa J. Wagner (1988). Testing for periodicity of extinction: Response. *Science* 241: 96-99.

Talfourd, Francis (1859). *The Rule of Three, a Comedietta in One Act.* London: T. H. Levy.

Thucydides (1982). *The History of the Peloponnesian War.* Trans. Richard Crawley. New York: Modern Library.

Venn, John (1878). The foundations of chance. *Princeton Review*, September, 471-

510.

Venn, John (1888). *The Logic of Chance.* 3rd ed. London: Macmillan.

Watson, William Patrick (2013). *Catalogue 19: Science, Medicine, Natural History.* London.

Wilson, Edwin B. (1927). What is statistics? *Science* 65: 581-587.

Wright, Sewall (1917). The average correlation within subgroups of a population. *Journal of the Washington Academy of Sciences* 7: 532-535.

Wright, Sewall (1975). Personal letter to Stephen Stigler, April 28.

Young, Arthur (1770). *A Course of Experimental Agriculture.* 2 vols. London: Dodsley.

Yule, G. Udny (1899). An investigation into the causes of changes in pauperism in England, chiefly during the last two intercensal decades, I. *Journal of the Royal Statistical Society* 62: 249-295.

Yule, G. Udny (1926). Why do we sometimes get nonsense-correlations between time-series? *Journal of the Royal Statistical Society* 89: 1-96.

Zabell, Sandy L. (2005). *Symmetry and Its Discontents: Essays on the History of Inductive Philosophy.* Cambridge: Cambridge University Press.

Zabell, Sandy L. (2008). On Student's 1908 article "The Probable Error of a Mean." *Journal of the American Statistical Association* 103: 1-20.

■著者紹介
スティーブン・M・スティグラー（Stephen M. Stigler）
アメリカの統計学者。米国シカゴ大学統計学部アーネスト・デウィット・バートン特別栄誉教授（Ernest DeWitt Burton Distinguished Service Professor）。科学的な発見に対して最初に発見した者の名がつくことはないとしたスティグラーの法則で有名。ノーベル経済学者のジョージ・スティグラーを父にもつ。主な著書に『The History of Statistics: The Measurement of Uncertainty before 1900』がある。

■訳者紹介
森谷博之（もりや・ひろゆき）
Quasars22 Private Limited（Singapore）, Director, MBA, MBA, MSc, 中央大学商学研究科兼任講師、中央大学企業研究所客員研究員。主な著書に『Python3ではじめるシステムトレード』（パンローリング)、主な訳書に『シュワッガーのテクニカル分析』『デマークのチャート分析テクニック』『為替オーバーレイ』（パンローリング)、『物理学者、ウォール街を往く』（東洋経済新報社)、『入門 経済物理学』（PHP研究所）がある。

熊谷善彰（くまがい・よしあき）
早稲田大学教育・総合科学学術院教授、商学修士、理学修士。主な著書に『金融時系列データのフラクタル分析』（多賀出版)、『コンパクト金融論』（新世社)、主な訳書に『実践的ペアトレーディングの理論』（パンローリング）がある。

山田隆志（やまだ・たかし）
山口大学国際総合科学部准教授、博士（学術）。エクス＝マルセイユ大学客員研究員。主な論文に「社会シミュレーション手法による金融市場制度研究」がある。

2017年1月3日 初版第1刷発行

統計学の7原則
──人びとが築いた知恵の支柱

著　者	スティーブン・M・スティグラー
訳　者	森谷博之、熊谷善彰、山田隆志
発行者	後藤康德
発行所	パンローリング株式会社
	〒160-0023　東京都新宿区西新宿7-9-18-6F
	TEL 03-5386-7391　FAX 03-5386-7393
	http://www.panrolling.com/
	E-mail　info@panrolling.com
装　丁	パンローリング装丁室
印刷・製本	株式会社シナノ

ISBN978-4-7759-4168-3

落丁・乱丁本はお取り替えします。
また、本書の全部、または一部を複写・複製・転訳載、および磁気・光記録媒体に
入力することなどは、著作権法上の例外を除き禁じられています。

©Hiroyuki Moriya, Yoshiaki Kumagai, Takashi Yamada 2017　Printed in Japan